W0340831

Ayez les bons réflexes

Du même auteur :

101 Conseils pour ne pas atterrir aux urgences, Robert Laffont, 2014.

Dr Gérald Kierzek

Ayez les bons réflexes

Fayard

Photo de couverture : © Bestimage
Couverture : Ô Majuscule

ISBN : 978-2-213-70225-4
© Librairie Arthème Fayard, 2016.

Introduction

Soyons prêts aurait pu être le titre de ce livre ! Les événements hors normes, qu'ils soient naturels comme les inondations ou les séismes, ou du fait de l'homme comme les attentats, se multiplient et nécessitent de changer nos comportements. Nous devons apprendre à vivre avec le risque, sans sombrer dans l'effroi ni la résignation. La peur n'évite pas le danger mais de bons réflexes en limitent les conséquences !

L'impact de certaines catastrophes pourraient être plus limité, des victimes pourraient être épargnées, si chaque citoyen était mieux préparé.

Certes les événements tragiques en question sont par nature imprévisibles. Mais n'en connaître ni le lieu ni le moment ne rend pas pour autant impossible l'anticipation. Sans doute est-il de la responsabilité de tous, désormais, d'acquérir un certain nombre de pratiques, d'automatismes, et c'est en tout cas du devoir des professionnels d'informer le public de tout ce qui pourra, le cas échéant, lui être salutaire.

Préparer sa maison, préparer sa famille, réunir le minimum de matériel indispensable à prodiguer les premiers soins ou tout simplement à tenir : chacun est en mesure de le faire et trouvera dans les pages qui suivent toutes les informations nécessaires à ce sujet.

Ce livre s'inscrit donc dans le prolongement de la campagne de sensibilisation menée par la Croix-Rouge, la Protection Civile et les sapeurs-pompiers, intitulée « Adoptons les gestes qui sauvent » et décrétée « Grande cause nationale 2016 » par le Premier ministre, qui souhaitait ainsi encourager la démarche des acteurs majeurs de la société civile qui œuvrent au niveau national et local pour former les Français à la prévention des risques et aux actions de premier secours.

Il s'agit tout simplement de développer, comme c'est déjà le cas dans d'autres pays, une authentique « culture du risque », susceptible de sauver de nombreuses vies.

1

Risques
et catastrophes naturels

CHAPITRE 1

Les orages et la foudre

Le samedi 28 mai 2016 aurait pu être une journée banale. Mais le destin en a décidé autrement.

En plein cœur du parc Monceau, situé dans le 8e arrondissement de Paris, un groupe d'enfants accompagné par des adultes fêtait un anniversaire. Ce jour-là, bien que des orages fussent envisagés, la météo était propice à des activités de plein air, avec près de 23 °C dans la capitale, mais le temps s'est rapidement dégradé. Brusquement, une forte pluie et un orage s'abattent sur la capitale, prenant au dépourvu le groupe, qui tente de se réfugier. Mais il est trop tard, la foudre a frappé.

Les témoins ont évoqué un orage d'une violence inouïe, accompagné d'un bruit d'explosion… Alerté par des civils affolés, un sapeur-pompier, de repos ce jour-là, et qui se trouvait à proximité, a pu immédiatement intervenir. Lorsqu'il a vu les corps allongés sur le sol, il n'a eu que très peu de temps pour analyser la situation et réagir. « Après avoir alerté les secours, il porta assistance à l'un des enfants, qui était en arrêt cardiaque. Plus de 80 pompiers ont été dépêchés sur les lieux de la catastrophe. Le soir même, le directeur du SAMU de Paris, le Pr Pierre Carli, donnait des nouvelles rassurantes des blessés.

La fulguration ou foudroiement est la deuxième cause de décès par phénomène naturel. Elle concerne une seule victime dans 70 % des cas, deux victimes dans 15 % des situations et plus de deux les 15 % restant. Un foudroyé sur trois décède, sept survivants sur dix ont des séquelles permanentes[1].

Alors, comment se forment les orages ?

Les orages sont des phénomènes météorologiques courants. Ils sont toujours liés à la formation d'un nuage appelé cumulonimbus.

Ce nuage, très menaçant, peut mesurer jusqu'à 15 kilomètres de large pour un poids total de plusieurs milliards de tonnes. En plus d'être un monstre météorologique, c'est une véritable usine thermodynamique. Il est constitué de plusieurs millions de tonnes d'eau sous forme liquide ou de glace et de très forts vents ascendants et descendants, qui provoquent la collision de ces particules de glace et d'eau, laquelle entraîne l'électrisation du nuage. En fonction de son développement, il peut être le siège de manifestations électriques, comme la foudre, de chutes de grêle, de pluie et, dans les cas les plus extrêmes, de tornades. Ce nuage dérègle l'atmosphère, qui devient instable, et déclenche l'orage.

Tous les orages sont-ils à prendre au sérieux ?

Il faut savoir que tous les orages sont dangereux. En effet, l'orage est un phénomène atmosphérique caractérisé par une série d'éclairs et de coups de tonnerre. Dès que l'on commence à entendre tonner ou gronder, c'est que l'orage a commencé. Il est donc important de se mettre à l'abri le plus rapidement possible.

1. Société française de médecine d'urgence, 2012.

COMMENT ÉVALUER LA DISTANCE DE L'ORAGE[1] ?

On voit tout d'abord l'éclair, puis on entend le tonnerre, tout simplement parce que la lumière voyage environ 1 million de fois plus vite que le son (vitesse du son = 337 m/s ; vitesse de la lumière = 300 000 km/s).
On peut évaluer la distance de l'orage de deux façons.
En comptant le nombre de secondes qui séparent la vision de l'éclair et le bruit du tonnerre et en divisant ce nombre par 3, on aura la distance nous séparant de l'orage en kilomètres. (Par exemple, si 6 secondes séparent l'éclair du tonnerre, alors on sait que l'orage est situé à 2 km du lieu où l'on est.)

Plus précisément, en comptant le nombre de secondes qui séparent la vision de l'éclair et le bruit du tonnerre et en multipliant ce nombre par 300, on aura alors la distance approximative nous séparant de l'orage en mètres. (Par exemple, si 6 secondes séparent l'éclair du tonnerre, alors on sait que l'orage est situé à 1 800 m du lieu où l'on est.)

Les orages durent en général entre 10 et 60 minutes. La foudre est un éclair qui atteint le sol. Elle a une puissance colossale et atteint en moyenne 100 millions de volts à chaque impact.

L'année 2015 a été particulièrement orageuse et se classe au 12e rang des années les plus foudroyées depuis 20 ans. Chaque année, la foudre touche 100 à 200 personnes et fait 10 à 20 morts en France.

Dans la grande majorité des cas, les victimes survivent.

La foudre peut toucher de deux façons un individu : de manière directe, c'est-à-dire la personne elle-même, ou bien de manière indirecte. Dans ce dernier cas, la victime est atteinte par l'intermédiaire d'un objet conducteur qui

1. D'après Eve Christian, météorologue sur http://www.meteo.org/

se trouve proche d'elle. Les orages peuvent également être accompagnés d'autres dangers. Ils sont souvent à l'origine de vents violents ou de fortes pluies qui peuvent provoquer des accidents plus ou moins graves. C'est pourquoi, dès les premiers signes d'orage (comme un ciel qui s'assombrit rapidement ou un vent qui se renforce), il est très important de se mettre à l'abri. La puissance des orages est telle que chaque année, en France, la foudre serait à l'origine de 20 000 sinistres, dont 15 000 incendies, mais aussi de la destruction de 50 000 compteurs électriques et de 250 clochers ! Elle touche également les animaux et serait responsable du décès de 20 000 bêtes chaque année en France.

Où tombe la foudre ?

L'activité orageuse nationale montre que la saison des orages débute fortement au mois de juin et se termine vers le mois d'octobre. Le site météorage.fr, qui analyse cette activité, montre que la foudre a frappé le sol de notre pays 455 000 fois au cours de l'année 2015. La région la plus foudroyée est la Provence-Alpes-Côte d'Azur, tandis que la Bretagne et l'Île-de-France ont été peu touchées par le foudroiement. Depuis la nuit des temps, l'être humain est fasciné par ce phénomène. La foudre est puissante, effrayante et imprévisible. Contrairement aux idées reçues, la hauteur d'une structure n'est pas le seul facteur d'influence du foudroiement. D'autres paramètres entrent en ligne de compte. Par exemple, l'humidité, les courants d'air et la conductivité du sol sont des facteurs importants qui peuvent attirer la foudre. La présence d'un paratonnerre sur une habitation ou sur un clocher d'église n'est pas un gage de protection absolue. La foudre peut très bien tomber un peu plus loin sur le sol. Pour revenir sur l'exemple du parc Monceau, la foudre a touché le sol et n'a pas été attirée par la cime d'un arbre ou l'antenne d'un immeuble haussmannien bordant le parc. N'oubliez pas également que, lorsque la foudre frappe, une onde de choc peut apparaître et causer de nombreux dégâts, comme la chute d'un arbre. Enfin, si le sol est humide, l'électricité peut se propager et vous atteindre. Il faut donc se mettre le plus rapidement à l'abri et au sec !

Que se passe-t-il quand on est frappé par la foudre ?

Le foudroiement direct survient classiquement sur une personne debout, en contact avec le sol : le courant pénètre par la partie la plus haute (la tête, mais éventuellement un objet situé au-dessus, comme un parapluie, un outil de jardinage ou un club de golf...) et rejoint le sol en traversant le corps humain.

En fonction du type d'éclair (descendant ou ascendant), l'intensité du courant traversant n'est pas la même et explique les différentes lésions, de gravité variable.

Le foudroiement par éclair latéral survient chez des personnes qui s'abritent sous une structure conductrice (arbre, tente, cabane...) – ce qu'il ne faut jamais faire –, donc foudroyée directement. La victime n'est pas touchée directement, mais par un éclair latéral qui suit le trajet de moindre résistance (le corps humain) et s'évacue vers la terre. Cet éclair latéral peut par exemple se propager d'une personne à une autre lors de certains foudroiements collectifs en plein air.

Un autre phénomène de foudroiement est possible. Il s'agit d'une électrisation de contact lorsqu'une personne touche un objet conducteur frappé par la foudre (tuyau, paroi d'un refuge...). De même, on peut être victime si on se trouve à proximité d'un impact de foudre au sol dont le courant va diffuser sous terre dans toutes les directions. Ce courant, dit « de dérivation », est la cause la plus fréquente de foudroiement mortel du bétail.

Lorsqu'une personne est atteinte par la foudre, l'organisme subit donc une forme d'électrisation qui peut être d'une puissance inouïe. Le foudroiement est extrêmement rapide et les lésions sont inhérentes au passage du courant électrique à travers le corps du point d'entrée vers le point de sortie.

Les études de kéraunopathologie[1], mais également les autopsies réalisées, montrent que les organes les plus touchés sont généralement le système nerveux central et le cœur. De nombreuses défaillances peuvent affecter les personnes frappées par la foudre.

Le courant provoque des lésions cutanées lorsqu'il entre en contact avec le corps : des brûlures thermiques (chaleur dégagée par l'éclair, contact de la peau avec une pièce de métal en fusion, comme des bijoux ou encore des boutons), des brûlures superficielles, mais aussi des brûlures électriques profondes nécrosantes. Ce sont ces dernières qui marquent les points d'entrée et de sortie du courant. Il s'agit de brûlures peu étendues mais profondes (brûlures du 3e degré, sèches, noirâtres). La gravité réside dans la nécrose – destruction – de tous les tissus traversés par le courant ; ces brûlures sont en revanche indolores, ce qui n'enlève rien à leur sévérité.

De nombreuses complications surviennent après le passage du courant à travers le corps :

– complications cardiaques (troubles du rythme, nécrose cardiaque par brûlure, décès par arrêt cardiaque ou infarctus) ;

– complications neurologiques (perte de connaissance, paralysie, perte des fonctions neurovégétatives, accident vasculaire cérébral (AVC), traumatisme crânien secondaire) ;

1. La kéraunopathologie est la discipline qui étudie la fulguration, le foudroiement et les lésions occasionnées par la foudre sur un être vivant.

– complications pulmonaires (œdème ou contusion pulmonaires, hémorragies, arrêt ventilatoire…) ;
– complications sensorielles souvent irréversibles, auditives (brûlures, rupture de tympan, lésions pouvant entraîner la surdité) et/ou ophtalmologiques (décollement de la rétine, cataracte, brûlures…).

La violence de la foudre conduit souvent à des polytraumatismes engageant le pronostic vital avec défaillance de nombreux organes (rein, foie, système digestif, etc.), nécessitant une prise en charge en réanimation.

À distance, les séquelles neuropsychologiques sont également importantes comme les troubles de la mémoire, les difficultés de concentration, la dépression secondaire, le stress post-traumatique.

FICHE RÉFLEXE 1

Que faire et ne pas faire en cas d'orage ?

La première chose à faire lorsque l'on est pris dans un orage est de se mettre à l'abri.

1. Quels sont les endroits les plus sûrs ?

– Dans un bâtiment clos et loin des fenêtres. Oubliez l'abribus. Il est ouvert à tout vent et n'offre pas de protection suffisante.

– Dans votre voiture à condition qu'elle ne soit pas cabriolet, ni stationnée sous un arbre et que le toit soit en métal. Si la foudre s'abat sur votre véhicule, elle fonctionnera alors comme une cage de Faraday, c'est-à-dire comme une enveloppe protectrice qui déviera le courant dans le sol.

2. Quels sont les endroits à éviter absolument ?

– Les champs ou les terrains plats, comme les stades de foot.

– Ne vous abritez pas sous un arbre. Si la foudre tombe, l'arbre ne vous protégera pas. En plus de recevoir une charge électrique ou d'attirer la foudre, l'arbre ou une branche peut vous blesser en tombant.

– En montagne, les grottes et les cavités ne sont pas de bons abris. Au contraire, elles attirent la foudre à l'intérieur.

– Éloignez-vous des points d'eau, des plaines et des façades rocheuses.

À SAVOIR :
Si vous êtes en groupe, éloignez-vous d'une dizaine de mètres les uns des autres. Le corps humain étant conducteur, l'éclair peut passer d'une personne à une autre et ainsi faire plusieurs victimes. En vous éloignant suffisamment, cela évite que tout le groupe ne se fasse foudroyer et ce sera plus facile de venir en aide au blessé et d'alerter les secours.

3. Comment se protéger si je n'ai ni endroit clos ni voiture à disposition ?

– L'exemple le plus marquant est celui du randonneur. En pleine nature, lorsque l'on est pris dans un orage, il faut tout simplement s'asseoir sur votre sac à dos, les pieds serrés, et la tête posée sur les genoux. Le but est d'éviter un maximum le contact avec le sol au cas où la foudre tombe près de vous. Si vous n'avez pas de sac pour faire office d'isolant, restez accroupi et la tête posée sur les genoux.

4. Quelles sont les consignes de sécurité à connaître ?

– Annulez les activités extérieures. Ne prenez pas votre vélo ou votre moto. Si vous roulez en voiture, ralentissez et soyez vigilant.
– Restez en sécurité à l'intérieur de votre domicile.
– Fermez et éloignez-vous des fenêtres.
– Ne touchez pas d'objet métallique pouvant être conducteur, comme des canalisations d'eau, des robinets, votre cuisinière...
– Ne vous servez pas de votre téléphone fixe. Utilisez votre téléphone mobile, mais uniquement en cas d'urgence, car en cas de panne d'électricité vous ne pourrez pas le charger.
– Débranchez les appareils électriques comme la télévision et son câble d'antenne.

5. Les fausses bonnes idées :

– Courir à grandes enjambées.
– S'abriter sous un parapluie. Il est par définition au-dessus de votre tête et c'est un objet métallique qui peut attirer et conduire la foudre sur vous. Déposez-le à côté de vous.
– S'abriter dans une cabine téléphonique. En effet, si la ligne aérienne de cette cabine est touchée par la foudre, la surtension peut se propager par les câbles et atteindre la personne qui s'est réfugiée à l'intérieur.
– Se baigner sous un orage. Pour des raisons évidentes, cette idée est à proscrire, même si il fait très chaud ! Si la foudre tombe dans l'eau de votre piscine quand vous vous baignez, vous risquez gros.

À SAVOIR :
Les zones de baignade comme les lacs et les plages, tout comme les piscines, sont des zones exposées et dangereuses lors d'un orage pour plusieurs raisons :
– La densité de population y est élevée à la période estivale, qui est aussi la période la plus propice aux orages.
– Ces lieux sont la plupart du temps des espaces dégagés et relativement plats ; vous risquez donc d'attirer la foudre sur vous.

6. Phobie de l'orage : voici ce qu'il faut faire.

– La peur de l'orage, des éclairs, s'appelle l'astraphobie. Contrairement aux idées reçues, cette peur n'affecte pas uniquement les enfants.

– Pour commencer, lorsque vous êtes confronté à un orage, essayez de gérer vous-même vos angoisses.

– Interrogez-vous sur l'origine de cette peur et essayez de relativiser.

– Remplacez vos pensées négatives par des idées positives et essayez de garder une vie normale tout en respectant les règles de sécurité.

– Si cette phobie devient un véritable handicap, il convient alors d'aller consulter un psychothérapeute qui vous proposera une psychothérapie cognitivo-comportementale, ou un hypnothérapeute.

FICHE RÉFLEXE 2

Porter secours lors d'un orage

Si vous êtes face à une personne qui vient d'être foudroyée, il faut réagir le plus vite possible, mais en gardant son calme pour évaluer la situation et assurer sa propre protection, celle des témoins et de la ou des victimes. Le premier réflexe est donc de venir en aide, mais en sécurisant son environnement.

À SAVOIR :
Contrairement aux idées reçues, vous pouvez toucher une personne foudroyée et la secourir sans risque de vous électriser. Le seul risque pour les témoins ou secouristes est la persistance de conditions orageuses avec risque de sur-foudroiement.

En portant assistance, et si l'orage est encore actif :

– Éloignez-vous le plus possible des portes et fenêtres ouvertes, évitez tout contact avec un objet métallique ou des installations de plomberie ou électriques.
– Écartez donc tout objet métallique ou mouillé (mousqueton, piolet, crampons, club de golf, cordes mouillées...) pour éviter une récidive.
– En montagne, ne vous collez pas à une paroi et ne vous abritez pas à l'entrée d'une grotte.
– Isolez-vous du sol par une corde ou un sac et respectez une distance de sécurité supérieure à 2 mètres entre chaque personne.
– Appelez immédiatement les secours en faisant le 15, le 18 ou le 112. Faites un rapide état des lieux en indiquant si la victime est encore consciente et si elle respire.
– Donnez un maximum d'informations aux opérateurs en vous localisant. Notez que vous ne risquez rien si vous utilisez un téléphone portable.
– En attendant les secours : si la personne ne respire plus, vous devez pratiquer un massage cardiaque. Si la victime est inconsciente, placez-la en position latérale de sécurité (PLS, voir fiche réflexe 24), couvrez-la et attendez les secours à ses côtés en vérifiant ses fonctions vitales.

Chapitre 2

Les tempêtes

Lothar et Martin, ces noms vous disent forcément quelque chose…

Souvenez-vous, en décembre 1999, la France est frappée par deux tempêtes qui marqueront à jamais les esprits. Lothar et Martin ont balayé le pays entre le 25 et le 28 décembre, à la veille d'un nouveau millénaire. Météorologues et spécialistes ont tous été dépassés par les événements. Ils n'ont rien vu venir.

Le pays a été ravagé par des rafales dépassant les 140 km/h. Les dégâts ont été considérables sur presque toute la France et une partie de l'Europe.

Après la tempête, il règne une atmosphère de fin du monde. Les témoignages sont glaçants : les arbres ont été arrachés dans les parcs et les forêts, les routes étaient bloquées par les débris, des toitures se sont effondrées, les cabines téléphoniques volaient au milieu des rues… Sur leur passage, Lothar et Martin n'ont rien épargné. Les autorités décrètent l'état de catastrophe naturelle dans 69 départements français.

Le bilan est lourd. Le nombre de morts s'élève à près d'une centaine en France, 500 000 foyers sont restés plusieurs jours sans électricité et le montant des dégâts est estimé à près de 15 milliards d'euros…

Quelques années plus tard, ce sont les tempêtes Klaus et Xynthia qui ont frappé la France (2009 puis 2010). Là encore, même scénario de catastrophe.

Klaus ravage le sud-ouest du territoire, laissant derrière elle un paysage apocalyptique : les massifs forestiers du Médoc en Gironde et des Landes sont dévastés, 230 000 hectares de forêt sont détruits, les fleuves et les rivières débordent, des maisons et des voitures sont écrasées par des chutes d'arbres… Cette tempête fera 4 morts et de nombreux blessés.

Un an plus tard, en 2010, cette fois il s'agit de Xynthia. La tempête frappe la façade atlantique du pays et le traverse en allant des régions vendéennes et charentaises jusqu'au nord-est de la France dans la nuit du 27 au 28 février. Sur son passage, elle provoque des inondations monstres sur le littoral et fait une cinquantaine de victimes, principalement chez les habitants de maisons construites dans des zones situées sous le niveau de la mer. Elles ont, pour la plupart, été surprises dans leur sommeil par la montée rapide des eaux.

Alors, face à de tels événements, qu'est-il possible de faire ? Étaient-ils prévisibles et aurait-on pu mettre à l'abri la population ? Toutes ces questions, de nombreux Français se les posent encore… Outre les dégâts matériels, ces catastrophes marquent une vie et laissent souvent des traces indélébiles dans l'inconscient collectif.

TEMPÊTES , TYPHONS, CYCLONES

La tempête s'appelle typhon dans l'océan Pacifique, cyclone dans l'océan Indien et ouragan dans l'océan Atlantique.
La tornade quant à elle est un mouvement tourbillonnaire d'air, très violent, très localisé et bref (quelques minutes à quelques heures), lié à une situation orageuse. Les tornades correspondent à une colonne d'air tournante très rapide, issue d'un nuage instable qu'elle relie au sol, avec une chute de pression pouvant atteindre 80 hectopascals (hPa), créant une véritable cheminée aspirante.

Qu'est-ce qu'une tempête ?

Les météorologues définissent la tempête comme étant une zone étendue de vents violents et de précipitations intenses, générés par une dépression. Elle résulte de l'évolution d'une perturbation (dépression) où s'affrontent deux masses d'air de caractéristiques différentes (température et humidité) et qui se déplacent des zones de hautes pressions (anticyclone) vers des zones de basses pressions (dépression).

La force des rafales de vent doit être supérieure à 90 km/h (soit 48 nœuds – degré 10 sur l'échelle de Beaufort) à l'intérieur des terres et 120 km/h sur les côtes pour être qualifiée de « tempête ». La force du vent est proportionnelle au carré de sa vitesse (un vent de 200 km/h exerce une force 4 fois plus élevée que celle d'un vent de 100 km/h).

Aujourd'hui, la surveillance météorologique s'est considérablement améliorée et repose sur un vaste réseau de stations au sol, de radars, de navires, de balises et de satellites.

Il est donc possible désormais d'émettre des alertes claires afin que les organismes et la population puissent prendre les mesures nécessaires pour se protéger.

Cependant, il existe des prévisions à très courte échéance, c'est-à-dire inférieures à un délai de 6 heures. Dans ce cas, les météorologues entament une course contre la montre pour localiser, identifier et prévoir avec précision l'évolution de la situation et du phénomène pour alerter les autorités. En effet, une prévision reste vaine si elle ne parvient pas à temps à ceux qui en ont besoin, comme ce fut le cas en 1999, où les météorologues ont été dépassés par la force des événements.

À quoi correspondent les niveaux de vigilance émis par Météo-France ?

La vigilance météorologique a été mise en place le 1er octobre 2001, suite aux tempêtes de 1999, afin de mieux informer la population. Elle est découpée en quatre niveaux allant du vert au rouge vif.

Aujourd'hui, cette vigilance est accessible à tous sur le site internet de Météo-France. Elle est actualisée au moins deux fois par jour (6 heures et 16 heures) avec, lorsqu'un département est classé en orange ou en rouge, une procédure de suivi spécifique et la diffusion d'un bulletin de vigilance assorti de conseils qui permettent à chacun d'être acteur de sa sécurité et d'adapter son comportement à la situation.

Cette carte de vigilance permet de tenir informer simultanément les pouvoirs publics, les médias et la population sur les risques potentiels de neuf phénomènes météorologiques : les vents violents, les orages, les fortes pluies, le grand froid, la canicule, les risques d'avalanche, la neige et le verglas, les inondations, ainsi que les vagues et le risque de submersion.

C'est à partir du niveau orange qu'est mis en œuvre par le préfet de zone ou de département un dispositif d'alerte destiné aux maires, aux conseils généraux et aux services opérationnels.

Lorsqu'un département est classé vert, aucun risque particulier n'est à signaler.

En revanche, lorsqu'un département est en jaune, c'est qu'il faut être attentif et peut-être reporter une activité sensible aux risques météorologiques.

Le niveau d'alerte supérieur est l'orange. Il est à prendre au sérieux et permet de se préparer à traverser un événement météorologique particulier. Dans ce cas de figure, les météorologues recommandent d'être très vigilant et d'annuler toute sortie ou activité prévue à l'extérieur.

Enfin, le dernier niveau d'alerte est le rouge. Il annonce que des phénomènes d'intensité exceptionnelle sont prévus. Il est donc très important de se tenir au courant de l'évolution de la situation et de respecter les consignes de sécurité émises par les pouvoirs publics.

LA PRÉVISION CYCLONIQUE DANS LES DOM-TOM

Météo-France est également responsable de la détection et de la prévision cyclonique pour Mayotte, la Nouvelle-Calédonie, la Polynésie française, Wallis et Futuna, la Martinique et la Guadeloupe.

L'Organisation météorologique mondiale (OMM) coordonne la veille cyclonique au plan international avec dans chaque bassin océanique un centre météorologique régional spécialisé (CMRS) dans la prévision cyclonique : Miami pour l'Atlantique nord et le Pacifique nord-est, Tokyo pour le Pacifique nord-ouest, Honolulu pour le Pacifique central, New Delhi pour le golfe du Bengale et la mer d'Oman, Nadi pour les îles Fidji et le Pacifique sud-ouest, et Saint-Denis de La Réunion pour le sud-ouest de l'océan Indien (Malawi, Mozambique, Swaziland, Tanzanie et Zimbabwe, et les îles des Comores, La Réunion, Madagascar, Maurice et Seychelles).

L'imagerie satellitaire a révolutionné la prévision cyclonique et permet de prévoir la trajectoire, l'intensité et les conséquences d'un cyclone. Dès qu'un phénomène est identifié, le centre météorologique régional spécialisé diffuse toutes les 6 heures (toutes les 3 heures à l'approche de zones habitées) un bulletin à tous les services météorologiques de la région avec des mesures de prévention et de sensibilisation des populations et une préparation des équipes de secours[1].

Quels sont les risques lorsque l'on est pris dans une tempête ?

Lors des tempêtes, cyclones ou tornades, le principal agent destructeur est le vent violent.

Face à des rafales qui dépassent les 100 km/h, les dégâts peuvent être nombreux et ralentir les secours. Lorsque l'événement est d'une très grande ampleur, comme les tempêtes de 1999, le maire ou le préfet de police peut déclencher le plan d'organisation de la réponse de sécurité civile (plan Orsec). Ce plan permet aux autorités de mobiliser tous les services de secours, comme les sapeurs-pompiers, le SAMU, les forces de l'ordre ou bien les associations de sécurité civile, afin d'optimiser leur organisation. En cas de tempête, les secours doivent intervenir sur plusieurs zones sinistrées par les vents, lesquels peuvent engendrer de nombreux dégâts sur les habitations, dans les parcs, mais aussi sur les routes, qui peuvent devenir inaccessibles. Il est donc important de se calfeutrer chez soi et de limiter ses déplacements. Les autorités recommandent de rester à l'écoute de radios locales qui peuvent diffuser des informations importantes concernant votre département. Prévoyez également chez vous des moyens d'éclairage de secours et une réserve d'eau potable. Les vents et les fortes précipitations peuvent clairement affecter le quotidien sur plusieurs jours. N'oubliez pas de prendre contact avec vos proches, des voisins ou les

1. http://www.meteofrance.com/previsions-meteo-france/outremer

autorités afin de vous signaler et de vous organiser pour affronter une tempête.

Si vous utilisez un dispositif d'assistance médicale (respiratoire ou autre) alimenté par électricité, prenez vos précautions en contactant l'organisme qui en assure la gestion. Le SAMU-Centre 15 peut également vous assister.

FICHE RÉFLEXE 3

Que faire et ne pas faire en cas de tempête ?

1. Préparer sa famille et anticiper.

Les tempêtes et les vents violents peuvent avoir des conséquences désastreuses si vous et vos proches n'êtes pas préparés. Pensez à établir un plan d'urgence à l'avance.

– Assurez-vous que tout le monde sait où aller, quoi prendre et comment se mettre en sûreté. Pour éviter la panique, il faut prévoir à l'avance où chacun se réfugiera.

– Mettez en place un point de ralliement où toute la famille se réunira lors d'une tempête. Choisissez l'endroit le plus sûr de votre domicile. Évitez de vous calfeutrer dans les étages, car les vents peuvent détruire les toitures et faire tomber les cheminées. Attention également aux sous-sols s'il y a des risques d'inondation.

– Faites une liste de contacts avec les coordonnées des secours, de votre assurance, de proches que vous pouvez contacter en cas d'urgence, mais aussi les numéros des écoles et du travail de chaque membre de la famille.

– Sachez où se trouvent les centres d'accueil et de secours les plus proches, surtout si vous habitez dans une zone à risque. En général, les écoles, les gymnases, les mairies ou les centres sociaux sont utilisés. Ces endroits auront des soins médicaux et des provisions pour les rescapés ou les personnes évacuées.

– N'oubliez pas de prévoir un kit d'urgence qui doit au minimum inclure de l'eau et de la nourriture, un kit de premiers secours, des lampes torches et des piles. Vous pouvez compléter ce kit en vous référant à la partie « Kit de survie en cas de catastrophe ».

– Enfin, n'oubliez pas d'emporter en lieu sûr les documents importants comme les papiers d'identité de votre famille.

2. Juste avant la tempête.

Les tempêtes font souvent l'objet d'alertes météo, mais il est difficile de prévoir avec exactitude l'intensité des vents. Il est donc plus prudent d'agir et de préparer son domicile dès que l'alerte est donnée. Sachez que vous ne disposez que de quelques heures pour tout sécuriser et sauver un maximum de biens.

À SAVOIR :
Vous pouvez sécuriser votre domicile en élaguant les arbres susceptibles de tomber sur votre maison. Pensez également à couper les branches mortes.
Nettoyez les gouttières, les drains et les tuyaux de descente des eaux. Enfin, assurez-vous que votre toiture est en bon état.

– La première chose à faire est de se constituer une réserve de produits de première nécessité (eau potable, nourriture, lampes, piles, bougies...).
– Munissez-vous d'une radio à piles afin d'être tenu au courant de la situation extérieure et branchez-vous sur les radios locales.
– Débranchez les appareils électriques.
– Fixez ou rentrez à l'abri tout ce qui peut être facilement emporté par le vent et qui pourrait blesser quelqu'un (mobilier de jardin, pots de fleurs...).
– Mettez votre véhicule à l'abri.
– Fermez les portes et les fenêtres de votre domicile.
– Réunissez votre famille ou sachez où tous les membres se trouvent exactement.
– Mettez en sécurité vos animaux s'ils sont à l'extérieur ! Ne les oubliez pas.

À SAVOIR :
En cas d'absence de votre domicile : prenez contact avec vos voisins et demandez-leur de sécuriser votre habitation au maximum.

3. Que faire si je dois absolument me déplacer ?

Lors d'une tempête, les autorités recommandent fortement de ne pas se déplacer et de rester confiné en lieu sûr. Cependant, si vous êtes obligé de prendre le volant, ou que la tempête survient alors que vous êtes sur la route, voici quelques consignes de sécurité :
– Signalez votre déplacement à un proche.
– Roulez doucement et écoutez une radio pour vous tenir informer.
– Soyez très prudent et respectez les déviations mises en place. Ne vous engagez surtout pas sur une voie immergée.
– Évitez au maximum de rouler près d'habitations, car des objets sont susceptibles de tomber sur votre véhicule.
– Évitez les forêts et le littoral.

À SAVOIR :
Les autorités recommandent de ne pas prendre le risque d'aller chercher ses enfants à l'école en cas de fortes intempéries. Ils seront pris en charge par les équipes pédagogiques et les secours en milieux scolaires ou périscolaires. Renseignez-vous auprès de l'établissement de votre enfant.

4. Que faire pendant la tempête ?

À l'extérieur :

– Si vous êtes à l'extérieur, abritez-vous immédiatement dans le bâtiment le plus proche ou dans votre voiture en fermant bien les fenêtres.

– Si vous faites du bateau, rapprochez-vous au plus vite des rives.

– Si vous êtes dans un camping, en mobile-home, dirigez-vous vers le bâtiment sécurisé le plus proche.

– Si vous êtes sur un terrain et que vous n'avez pas d'endroit pour vous abriter, allongez-vous le plus près possible du sol et couvrez-vous la tête.

À l'intérieur :

– Ne sortez pas, car vous pourriez recevoir des projectiles qui pourraient vous blesser.

– Éloignez-vous des baies vitrées.

– N'abusez pas du téléphone ! Laissez les lignes libres pour les secours et préservez votre batterie au maximum. En cas de coupure, vous ne pourrez pas le charger.

– Ne faites pas de feu de cheminée, les vents peuvent s'engouffrer dans le conduit.

– Restez informé par les radios locales, les médias ou les alertes sur les téléphones.

ÉCOUTEZ LES AUTORITÉS !
Selon la gravité de la situation, les autorités peuvent vous demander d'évacuer votre domicile. Écoutez-les et suivez leurs directives. À l'inverse, elles peuvent vous autoriser à y rester pour votre sécurité ou votre santé.

5. Les fausses bonnes idées.

– N'intervenez en aucun cas sur les toitures pendant la tempête.

– Ne touchez pas les câbles électriques qui sont tombés au sol.

– Ne restez pas abrité près d'objets qui sont susceptibles de tomber ou sous un arbre.

6. Venir en aide aux victimes.

– Certaines blessures ne nécessitent pas forcement l'intervention des secours. Occupez-vous des blessures mineures en utilisant votre kit de premiers secours.
– Face à une personne coincée dans des décombres ou blessée, avertissez les secours immédiatement et n'effectuez que les gestes pour lesquels vous êtes qualifié.

7. Après la tempête.

– Pour commencer, ne quittez jamais votre abri avant la fin totale de la tempête et restez extrêmement vigilant. Si vous remarquez que des débris volent ou bougent encore, restez à l'intérieur.
– Inspectez les dégâts avec prudence... N'entrez pas dans un bâtiment trop endommagé et susceptible de s'effondrer. Utilisez plutôt une lampe torche que des bougies. La tempête a peut-être provoqué des fuites de gaz.
– Prenez vos précautions avec les compteurs et câbles électriques, surtout s'ils sont endommagés.
– Signalez les blessés ou les victimes en appelant les secours. Ne les déplacez pas, sauf s'il y a un risque immédiat de chute de mur, d'arbre, de toiture...
– Si vous êtes indemne et que votre habitation n'a pas subi trop de dégâts, aidez vos voisins ou les personnes en difficulté.
– Pensez à vérifier les aliments au réfrigérateur ou au congélateur. Si l'électricité a été coupée plusieurs heures, ils ne sont peut-être plus consommables.
– Faites appel à des professionnels pour réparer votre toiture ou élaguer des arbres. Le risque d'accident et de chute est important.

Chapitre 3

Inondations

Le mois de mai 2016 a été marqué par des crues records de la Seine et de ses affluents. Alors que les beaux jours étaient censés arriver, ce sont des pluies diluviennes qui se sont déversées sur le pays. Pendant plusieurs jours, les orages, la grêle et les intempéries frappent la France en continu et avec une violence rare. Météo-France enregistre à ce moment-là des records de pluviométrie. Malgré les alertes lancées, la montée des eaux est inévitable. Le 31 mai, après ces épisodes pluvio-orageux, plusieurs départements sont classés en vigicrues orange et rouge. À Paris, beaucoup redoutent une crue de la Seine et scrutent avec inquiétude le zouave du pont de l'Alma, qui commence à avoir les pieds dans l'eau... Et pour cause, certains affluents du fleuve ont déjà dépassé leur niveau de 1910. Ce n'est donc plus qu'une question de temps avant que la Seine ne déborde. Très vite, les quais sont fermés au public et à la circulation. À ce moment-là, la montée des eaux a déjà touché de nombreuses communes. L'Yonne, le Loiret et la Seine-et-Marne, qui sont traversés par le Loing, connaissent une crue exceptionnelle, avec des niveaux dépassant parfois ceux de 1910.

Malgré l'anticipation de la montée des eaux, certains habitants refusent de quitter leur domicile et préfèrent se réfugier dans les étages. Mais la montée soudaine de l'eau a pris de court de nombreux riverains. Le Premier ministre Manuel Valls déplore alors quatre décès. Parmi les victimes, une femme âgée d'une soixantaine d'années, retrouvée morte, probablement noyée dans son jardin ; un cavalier de soixante-quatorze ans, emporté par les eaux après être tombé de son cheval ; une femme de quatre-vingt-six ans, retrouvée sans vie chez elle ; et un enfant de trois ans, happé par les eaux boueuses qui ont envahi le sous-sol du pavillon familial situé dans l'Yonne. Le Premier ministre fait également état de 24 blessés et de 20 000 évacuations. Au terme de cette semaine d'inondation, les dommages sont colossaux. L'état de catastrophe naturelle est reconnu par le Conseil des ministres pour pas moins de 782 communes situées dans 16 départements. Selon les compagnies d'assurances, le coût des dégâts est estimé à 1,4 milliard d'euros. Bien que cette crue fût exceptionnelle, il faut noter que plusieurs milliers de communes sont potentiellement inondables. Dans notre pays, plus de 5 millions de personnes seraient concernées par les risques d'inondation.

Est-il possible de prévoir les crues ?

En général, les crues sont des phénomènes prévisibles. Les autorités sont donc en mesure d'informer la population, que ce soit en zone rurale ou urbaine. Elles peuvent se produire à tout moment de l'année et sont le plus souvent causées par des pluies torrentielles, des tempêtes, une fonte rapide d'un manteau neigeux ou, plus rarement, par la défectuosité d'un barrage. Lorsqu'une crue est soudaine, elle ne laisse que très peu de temps pour réagir. Le gouvernement a mis en place tout un dispositif afin que chaque citoyen puisse être informé sur les risques qui l'entourent.

Le site Géorisques[1] permet, entre autres, de savoir en entrant son adresse si la zone est inondable ou potentiellement exposée à des catastrophes naturelles. Vous y trouverez de l'information sur les risques naturels (inondations, séisme, mouvement de terrain, argiles, avalanches...) et technologiques (usines à risques, nucléaire, sols pollués...) de votre domicile par exemple.

Autre site utile : Vigicrues[2].

Ce site est actualisé plusieurs fois par jour et permet de surveiller en temps réel le niveau des fleuves et rivières qui sillonnent notre pays. Les cours d'eau affichés en vert sur la carte ne présentent pas de dangers particuliers ; en jaune, ils nécessitent une certaine vigilance, car des débordements sont possibles ; en orange, le risque de crue est important ; enfin, les fleuves indiqués en rouge font référence à une crue majeure et généralisée qui menace directement la sécurité des personnes et leurs biens.

Quels sont les risques majeurs lors des inondations ?

Les inondations représentent un risque majeur pour le territoire national. Elles peuvent mettre en danger la sécurité de chaque citoyen et causer des dégâts considérables. Le danger se traduit surtout par le risque d'être emporté, noyé, mais aussi par le risque d'hypothermie et par l'isolement. C'est la capacité d'une personne à résister à l'eau qui entre en ligne de compte. Les personnes âgées, les enfants, les handicapés ou les adultes ne sachant pas nager sont bien sûr des personnes très à risque.

Mais la vulnérabilité de la population face aux inondations ne s'arrête pas aux capacités physiques ; elle est aussi très souvent due à un manque d'analyse et de préparation. Trop de décès sont encore causés par des comportements à risque,

1. http://www.georisques.gouv.fr/
2. http://www.vigicrues.gouv.fr/

conscients ou inconscients. La préparation et l'anticipation sont les maîtres mots pour protéger sa vie et celle de ses proches. Il est indispensable d'acquérir une conscience du risque, de ses conséquences, de s'informer et de s'approprier les gestes qui sauvent. Une inondation, même si elle est prévisible, peut très rapidement bloquer des infrastructures, interrompre les systèmes de communication et ralentir ou empêcher l'intervention des secours. C'est pourquoi il est très important de sensibiliser les habitants des zones inondables et d'anticiper un maximum dès les premières alertes météorologiques.

Comment se mettre en sécurité pendant la crue ?

Rester ou partir de son domicile ? Tel est le choix que doivent faire les habitants menacés par les eaux. Accepter de rester sur place signifie que vous serez contraint de vivre dans des conditions dégradées pendant plusieurs jours. Si vous en avez la possibilité, il est plus raisonnable de se faire héberger chez des proches qui habitent en dehors de la zone inondée. Enfin, quittez votre domicile si le niveau d'eau vous y oblige ou si les autorités vous le demandent.

Les météorologues et les services du gouvernement sont en mesure de prévoir un pic de crue en général 72 heures à l'avance, ce qui laisse le temps d'organiser les secours.

Pour commencer, dès que l'alerte est donnée, n'attendez pas que l'eau soit au pas de votre porte pour prendre les choses en mains ! Vous disposez, à ce moment-là, de suffisamment de temps pour protéger vos biens et mettre votre famille à l'abri.

Si vous décidez de rester chez vous, la première chose à faire est de s'assurer d'avoir son kit de secours à disposition. Ensuite, montez dans les étages ou surélevez les matériels sensibles, électriques, dangereux ou polluants. Sécurisez les papiers importants et vos objets précieux. Calfeutrez le pourtour des fenêtres du sous-sol et le bas des portes du rez-de-chaussée.

Coupez le gaz et l'électricité. Enfin, pensez à stationner votre véhicule en dehors de la zone inondable. N'oubliez pas d'alerter vos proches, des voisins ou les secours de votre présence et de votre décision pour ne pas rester seul ou isolé.

Après la crue, quelles sont les conséquences ?

Avant toute chose, la décrue peut prendre plusieurs jours et nécessiter de l'aide et des opérations de pompage. Restez informé de la situation et ne vous aventurez pas seul pour constater les dégâts des eaux. Faites preuve de prudence, la zone n'est peut-être pas encore totalement sécurisée. Les inondations, comme toutes les catastrophes naturelles, sont dévastatrices et laissent souvent derrière elles un paysage apocalyptique. Outre les dégâts matériels, le traumatisme psychologique est bien réel. Les inondations sont le type de désastre qui cause le plus de dommages matériels. Devoir nettoyer ou reconstruire sa maison bouleverse le quotidien pendant plusieurs mois et peut être source de questionnements, d'un sentiment d'insécurité, de peur, voire de stress intense… Une aide psychologique peut être d'une grande utilité pour vous aider à retrouver une vie normale.

FICHE RÉFLEXE 4

Que faire et ne pas faire en cas d'inondation ?

1. Comment se préparer à affronter une crue ?

La première chose à faire est de bien connaître le terrain sur lequel vous vivez. Pour cela, vous devez obtenir un certain nombre de renseignements afin d'anticiper au mieux les intempéries. Voici les questions qu'il faut vous poser :

– Habitez-vous ou non en zone inondable ?
– Quel type de crue est à craindre ?
– Jusqu'à quel niveau peut monter l'eau ?

2. Où obtenir des renseignements sur la zone où j'habite ?

– Consultez en premier lieu la mairie de votre commune. Elle dispose d'un certain nombre d'outils pour vous informer, notamment l'accès au dossier d'informations communales sur les risques majeurs (Dicrim), qui est constitué d'un historique des catastrophes de la commune, de cartes des aléas et des cavités souterraines, etc. Les administrations ont également à leur disposition des plans de prévention des risques d'inondation (PPRI) pour sensibiliser la population sur les risques existants et les moyens pour y faire face.

– Certains sites Internet permettent de trouver des informations complémentaires. Le gouvernement a par exemple mis en place un site dédié aux risques météorologiques accessible à tous. Il suffit de vous rendre sur georisques.gouv.fr pour obtenir une synthèse des risques existants dans votre quartier. Six degrés sont indiqués, allant d'une sensibilité « très faible » à une « très élevée ».

MIEUX VAUT PRÉVENIR QUE GUÉRIR !

Développez une « culture du risque », surtout si vous habitez dans une zone inondable.

– Prenez conscience de la réalité du danger auquel vous êtes exposé.
– Ayez en tête les conséquences dévastatrices qu'une crue peut avoir et adoptez les consignes de sécurité ainsi que les gestes à accomplir en cas d'inondation.

3. Est-il possible de sécuriser sa maison ?

Il est difficile de lutter contre une crue soudaine. Cependant, certaines précautions vous permettront de sécuriser vos biens et votre habitation.

– Vérifiez votre police d'assurance et assurez-vous qu'elle couvre bien le risque d'inondation.

À SAVOIR :
N'hésitez pas à prendre des photos de vos biens les plus précieux et de les mettre à l'abri avec les documents importants comme le livret de famille, les papiers d'identité, les actes notariés ou votre contrat d'assurance...
En cas de dommages liés à l'inondation, ces photos vous seront utiles auprès de votre assureur.

– Organisez votre domicile.
- N'entreposez pas de matériel sensible ou des objets précieux dans votre cave.
- Sécurisez les objets de valeur.
- Rangez les produits polluants ou dangereux dans des meubles résistant à l'eau ou dans des placards en hauteur afin d'éviter la contamination de l'eau en cas d'inondation.
- Surélevez au maximum les appareils électroménagers.
- Préparez une zone et un kit de survie spécial inondation. Cette zone doit se trouver dans un endroit que l'eau ne peut pas atteindre et être proche d'une fenêtre pour être évacuée au besoin.

– Ralentissez la montée des eaux et limitez les dégâts.
- Investissez dans des protections contre les inondations, comme des bâches étanches, des sacs de sable ou des murets amovibles...

CAS PARTICULIERS :
Si vous êtes immobilisé ou hospitalisé à domicile, les autorités vous recommandent de vérifier avec votre prestataire de service les modalités de continuité de votre prise en charge et vous conseillent de vous signaler auprès de votre mairie.

4. Comment faire face à une inondation lorsque je suis en camping ?
Le camping séduit chaque année trois millions de touristes en France. Cependant, un établissement sur quatre se situe en zone inondable. Alors, face à une crue soudaine, comment faut-il réagir et quelles sont les consignes pour se mettre en sécurité ?

– Consultez dès votre arrivée le plan d'évacuation du terrain et repérez à l'avance votre itinéraire de repli jusqu'à la zone de regroupement.

À SAVOIR :
Consignes en cas de danger ou d'alerte pour un terrain de camping exposé au risque d'inondation :

1. Fermez le gaz à l'extérieur et coupez l'électricité.
2. Gagnez au plus vite les hauteurs ou la zone de regroupement.
3. N'emportez que vos papiers d'identité, vos devises et vos objets précieux.
4. Laissez sur place votre véhicule et votre matériel de camping.
5. Ne vous réfugiez pas dans les caravanes (en cas de forte inondation, ces dernières peuvent être emportées).
6. Ne revenez pas sur vos pas.

5. Comment être en sécurité pendant la montée des eaux ?
Dès le début de la crue, vous serez alerté par les médias ; les sites Internet de référence (vigicrues, météofrance...), mais aussi par les autorités.

– La première chose à faire est de mettre en lieu sûr vos papiers et objets précieux.

– Calfeutrez ensuite le pourtour des fenêtres et le bas des portes du rez-de-chaussée.

– Coupez le gaz et l'électricité tout en restant prudent. Ne touchez la boîte à fusibles que si elle est complètement sèche. L'eau et l'électricité ne font pas bon ménage !

– Regagnez votre zone de survie et restez informé !

6. Comment se déroule une évacuation si j'appelle les secours ?
Sachez que la décision d'évacuer une zone ou un établissement se fait sur décision du préfet. Elle repose sur les prévisions d'évolution de la crue, la probabilité d'ennoiement des locaux, les conditions d'accessibilité et la vulnérabilité du bâtiment. Cette décision doit être prise au plus tôt,

notamment pour les établissements de santé, qui ont besoin d'un délai de 48 heures pour évacuer un hôpital, par exemple.

– Si l'on vous donne la consigne de quitter votre habitation, suivez les instructions. Vous serez pris en charge et orienté vers un centre d'accueil. Emportez certains articles essentiels, comme des vêtements chauds et imperméables.

– Si vous êtes pris par les eaux, l'évacuation se fera grâce à l'intervention des sapeurs-pompiers. Le plus souvent sur des canots de sauvetage ou par hélicoptère si la zone est totalement inaccessible.

7. Les fausses bonnes idées.

– Ne restez pas à l'intérieur de votre véhicule, il peut se transformer en véritable piège et être emporté par les eaux.

– N'allez pas chercher vos enfants à l'école, surtout si les voies sont inondées. Ils seront pris en charge par les enseignants et secours.

– Ne vous engagez en aucun cas, à pied ou en voiture, sur une voie immergée. Le courant pourrait vous emporter.

– Si l'eau courante est maintenue à votre domicile, attendez les consignes avant de l'utiliser. Les inondations l'ont peut-être rendue impropre à la consommation.

À SAVOIR : Comment rendre de l'eau potable ?

– La faire bouillir pendant quelques minutes.

– Ou y ajouter quelques gouttes de Javel à laisser agir 30 minutes.

– Ou utiliser des comprimés désinfectants chimiques prévus expressément à cet effet (très prisés des voyageurs).

8. Que faire après la décrue ?

– Si vous avez quitté votre domicile, ne rentrez pas chez vous sans en avoir l'autorisation. Votre quartier peut être encore dangereux et non sécurisé. Demandez l'autorisation aux autorités ou auprès de la mairie.

– Si vous êtes autorisé à regagner votre habitation, soyez vigilant. Évaluez les dégâts avant de vous aventurer dans votre maison et vérifiez qu'il n'y a pas de fissures dans les murs porteurs.

– Attention, lors de la remise du courant, les appareils qui ont été mouillés peuvent provoquer un incendie s'ils ont été endommagés.

– Ne consommez l'eau du robinet que si vous en avez l'autorisation. Elle peut avoir été contaminée par des substances polluantes et entraîner des problèmes de santé. Fiez-vous à sa couleur et à son odeur. Au moindre doute, ne prenez aucun risque et faites appel à des spécialistes.
– N'oubliez pas d'aérer votre habitation afin de faciliter et d'accélérer l'évacuation de l'eau et de l'humidité.
– Contactez votre assureur sans tarder et faites une déclaration de sinistre. Vous pouvez demander à votre assureur de vous mettre en contact avec des entreprises spécialisées si vous devez entamer des travaux de réparation ou d'assainissement.

À SAVOIR[1] :
Un assureur ne prendra en charge le règlement d'un sinistre dû à une catastrophe naturelle qu'à la double condition que vous soyez assuré effectivement contre ce type de sinistre et que l'état de catastrophe naturelle soit confirmé par un arrêté interministériel. Si vous en êtes victime, vous devez le déclarer auprès de votre assureur dans les 10 jours qui suivent la parution de l'arrêté de catastrophe naturelle au *Journal officiel*.

1. https ://www.service-public.fr/particuliers/vosdroits/F3076

Chapitre 4

Les incendies

Le feu est sans doute l'élément le plus redoutable et redouté. Il peut se déclarer n'importe où. Les incendies concernent tout le monde. Que ce soit en pleine nature, dans un établissement public ou chez vous, lorsqu'un incendie se déclare, les dégâts sont souvent considérables et les victimes peuvent être nombreuses.

L'actualité fait régulièrement état d'incendies meurtriers, comme dans le bar le Cuba Libre de Rouen. La tragédie s'est produite dans la nuit du 5 au 6 août 2016, alors qu'une jeune femme célébrait ses 20 ans avec ses amis dans une salle située au sous-sol de l'établissement.

La soirée a viré au drame au moment d'apporter le gâteau d'anniversaire. Le jeune transportant le gâteau a trébuché et des projections de bougies ont atteint les murs et le plafond de la salle, qui se sont embrasés très rapidement.

L'incendie a fait ce soir-là de nombreuses victimes. Il s'agit même selon les autorités d'un des incendies les plus meurtriers de ces dix dernières années en France. Le bilan est lourd : treize jeunes âgés de 18 à 25 ont été retrouvés morts asphyxiés dans le sous-sol du bar et les secours ont pris en charge 7 blessés, dont une jeune femme grièvement brûlée… Une enquête a été ouverte pour tenter de comprendre comment un tel incident a pu se produire lors d'une banale fête d'anniversaire entre amis dans un établissement accueillant du public.

Le risque d'incendie est donc à prendre très au sérieux. De tous les accidents domestiques, l'incendie d'habitation est le plus lourd de conséquences. Selon les statistiques, il s'en déclare un toutes les deux minutes en France.

Il peut également très vite s'étendre au voisinage et faire de nombreuses victimes collatérales si sa propagation n'est pas rapidement stoppée. Il s'agit donc d'une urgence, au même titre que les feux de forêt.

Chaque année en France métropolitaine, les sapeurs-pompiers doivent faire face à environ 4 000 départs de feu en forêt. Là encore, ces incendies peuvent avoir de lourdes conséquences. Malgré tous les moyens pour stopper les flammes, 24 000 hectares de forêt partent en fumée tous les ans. De nombreux villes et villages peuvent être touchés. En France, 6 000 communes sont classées à risque de feu de forêt. Les trois quarts sont situées dans le sud de la France, à cause des conditions climatiques et de la nature de la végétation, qui sont propices aux départs de feux.

Il est donc important de prendre conscience des ravages humains, économiques et écologiques que peuvent provoquer les incendies.

L'incendie est d'ailleurs une véritable préoccupation nationale. En 2015, dans le cadre de l'installation obligatoire d'un détecteur de fumée dans chaque logement, le gouvernement a lancé la campagne « Bien équipé, bien préparé, je suis en sécurité » pour lutter contre le fléau des incendies domestiques qui causent chaque année 800 morts. Cette campagne a été largement diffusée dans toute la France par le biais d'annonces radio, d'affiches, de vidéos, mais aussi grâce à la mobilisation des sapeurs-pompiers. La préparation et la prévention sont des armes fondamentales pour lutter contre le risque d'incendie et faire diminuer le nombre de victimes des flammes.

Les incendies domestiques

Comment préparer son domicile ?

Depuis le 8 mars 2015[1], tous les logements de France doivent être équipés d'un détecteur autonome avertisseur de fumée (DAAF). Il s'agit d'un petit boîtier doté d'un système de détection de fumée capable de déclencher une alarme sonore afin de vous avertir.

Le DAAF est aujourd'hui un élément de sécurité nécessaire pour protéger sa famille et son habitation, à condition qu'il soit bien placé !

> OÙ PLACER SON DAAF ?
>
> – Oubliez les endroits qui dégagent de la vapeur, comme la cuisine et la salle de bain.
> – Choisissez un couloir menant à une chambre, par exemple.
> – Fixez-le au plafond, au centre de la pièce.

Outre le détecteur de fumée obligatoire, vous pouvez équiper votre domicile de matériels anti-incendie qui vous permettront de réagir rapidement et efficacement en cas de départ de feu…

– Faites installer un disjoncteur. Ce dispositif présent sur le tableau électrique de votre habitation réduit le risque d'incendie en coupant le courant lorsqu'il détecte un problème sur le circuit électrique de votre domicile.

– Investissez dans un extincteur adapté aux normes. En cas d'incendie, vous pourrez rapidement lutter contre le feu.

1. https ://www.service-public.fr/particuliers/vosdroits/F19950

– Achetez une couverture antifeu ! Cette couverture est composée d'un tissu spécifique qui permet d'étouffer un départ d'incendie. C'est un accessoire que vous pouvez ranger dans votre cuisine pour recouvrir un récipient qui prend feu.
– Optez pour des prises antisurtension qui permettront de protéger vos appareils en cas de courant trop élevé et ainsi éviter qu'ils s'enflamment.
– N'oubliez pas d'établir un plan d'évacuation de votre maison ! En cas d'incendie, mieux vaut être préparé. Il s'agit de faire un dessin de chaque étage de votre domicile en indiquant où se trouvent les sorties, où se trouvent les équipements antifeu, mais aussi le point de rassemblement situé à l'extérieur. Parlez-en en famille.

Comment éviter les risques avec des gestes simples ?

Voici quelques règles de base à respecter pour limiter le risque d'incendie dans votre domicile :

– Avoir une installation électrique saine : ne pas avoir de surcharge sur une même prise permet de limiter le risque d'incendie. N'oubliez pas d'entretenir et de vérifier régulièrement vos appareils électriques et leurs fils d'alimentation.
Exemple : pas de multiprises surchargées, pas de fils abîmés ou dénudés, pas de lampes halogènes sans grille de protection…
– Contrôlez vos tuyaux de gaz tous les ans.
– Entretenez vos installations de chauffage !
Exemple : le conduit d'une cheminée doit être ramoné une fois par an.
– N'entreposez pas de produits inflammables inutiles dans votre domicile.

Exemple : pas de stocks de cartons ou de bidons d'essence à l'intérieur de votre domicile, et encore moins à proximité d'une source de chaleur ou électrique.

– Adoptez un comportement responsable : ne fumez pas dans une chambre ou sur un lit, éteignez bien vos cigarettes dans un cendrier, n'utilisez pas d'essence pour allumer une cheminée, ne faites pas de barbecue à l'intérieur de votre maison, débranchez les appareils électroménagers que vous n'utilisez pas...

ATTENTION AUX ENFANTS !

Les incendies sont la troisième cause de décès chez les enfants de moins de 5 ans. Une attention toute particulière est donc indispensable.

– Apprenez à vos enfants dès le plus jeune âge que le feu est dangereux.

– Ne laissez jamais un enfant jouer avec une allumette, une bougie ou un briquet et rangez ces objets dans un endroit hors de la portée des enfants.

– Ne laissez pas vos casseroles sur le feu sans surveillance.

– Apprenez aux enfants à vous alerter et à composer le 18 si un incendie se déclare.

Quels sont les accidents fréquents ?

Les incendies domestiques sont la plupart du temps liés à un manque de vigilance de la part des adultes. Il suffit de quelques gestes simples et de bon sens pour limiter les risques. Par exemple :

– N'installez jamais une lampe halogène près d'un rideau ou d'une tapisserie. La chaleur que dégage la lampe est tellement puissante qu'elle peut causer un incendie.

– Ne laissez jamais une bougie allumée sans surveillance... Un coup de vent ou un geste maladroit et la bougie peut se renverser et enflammer une nappe ou un tapis.

– Attention à la cuisinière, l'huile de cuisson est inflammable, ne laissez pas vos casseroles sans surveillance…

– Ne fumez pas au lit ! Il n'est pas rare que les personnes s'endorment avec la cigarette toujours allumée, que les draps se consument lentement et que la fumée intoxique la victime avant que les flammes n'apparaissent…

– Ne jetez pas de cendres encore chaudes dans une poubelle.

– Soyez vigilant avec les vêtements tombés ou posés sur un radiateur électrique.

MENTION SPÉCIALE

Le sapin de Noël est un incontournable des fêtes de fin d'année… Seulement, il représente un danger de plus pour la maison. Il faut donc respecter certaines règles pour limiter les risques d'incendie :

– Choisissez un emplacement pour votre sapin loin d'une cheminée, d'une lampe ou d'une source de chaleur.

– Notez que les sapins synthétiques et les sapins recouverts de neige artificielle sont plus inflammables que les sapins naturels : vérifiez qu'ils disposent de la norme antifeu classe M1.

– Choisissez des guirlandes électriques conformes aux normes françaises (NF) ou européennes (NE) et vérifiez l'état des fils et des ampoules.

– Ne surchargez pas les prises.

FICHE RÉFLEXE 5

Incendie domestique

1. Puis-je maîtriser seul un incendie ?

Lorsqu'un incendie se déclare dans votre domicile, il faut agir vite ! Certains bons réflexes peuvent vous sauver la vie et limiter les dégâts.

Il faut savoir qu'il est possible d'agir seul, mais jusqu'à un certain point. Il est encore possible d'éteindre un départ de feu soi-même si la fumée n'est pas trop épaisse. Si vous constatez qu'elle s'épaissit, ne prenez jamais de risques inutiles, il faut prévenir les secours.

Quelques exemples :

– Si le départ de feu a lieu sous vos yeux, et qu'un objet se consume, mais qu'il n'y a pas de grandes flammes ou de fumée épaisse, utilisez un extincteur.

Attention, ne jetez jamais d'eau sur une plaque de cuisson ou un appareil électrique qui s'enflamme !

– Si le feu se déclare dans votre four, fermez-le et coupez l'alimentation. Il s'étouffera... En revanche, attendez longtemps avant d'ouvrir.

– Si le feu prend sur une poêle ou une casserole, couvrez-la avec une couverture spéciale antifeu, un torchon trempé, ou mettez un couvercle pour que le feu s'étouffe.

À SAVOIR : Éteindre un feu avec un extincteur

Pour éteindre un feu en utilisant un extincteur, visez la base des flammes avec la lance pour être efficace.

2. Comment réagir face à un incendie que je ne peux pas maîtriser ?

Face à des flammes et une fumée trop épaisse, il est important d'évacuer les lieux et de prévenir tous les occupants de votre domicile pour éviter l'intoxication par les gaz ou la fumée.

Les consignes d'évacuation en maison :

– Le premier bon réflexe est de ne pas paniquer. Il faut rester calme.

– Prévenez les membres de votre famille et évacuez à l'extérieur. Assurez-vous qu'il ne manque personne.
– Si le compteur électrique ou la vanne de gaz sont accessibles sans risque, actionnez le disjoncteur et/ou fermez le robinet de gaz.
– Alertez les sapeurs-pompiers en appelant le 18 ou le 112 et donnez les informations adéquates.
– En évacuant votre domicile, n'oubliez pas de fermer les portes derrière vous pour ralentir la progression des flammes.
– Ne retournez sous aucun prétexte dans votre domicile.

Les consignes d'évacuation en immeuble :

– Cas numéro 1 : L'incendie se déclare au-dessus de votre domicile.
  • Évacuez par les couloirs s'ils ne sont pas enfumés, mais ne prenez jamais l'ascenseur.
– Cas numéro 2 : L'incendie est sur votre palier ou sous votre domicile :
  • Empêchez la fumée d'entrer dans votre appartement en colmatant la porte d'entrée avec des linges mouillés.
  • Réunissez la famille dans une pièce près d'une fenêtre qui donne sur l'extérieur et prévenez les secours en appelant le 18 ou le 112 et signalez votre présence par la fenêtre.
  • Allongez-vous près du sol et couvrez-vous le nez et la bouche pour ne pas respirer la fumée.

3. Les fausses bonnes idées :

– N'ouvrez jamais une porte avant d'avoir vérifié si elle est chaude. Touchez la porte avant de tenter de l'ouvrir : si elle est chaude, cela peut signifier que le feu est de l'autre côté.
– Ne perdez pas de temps et ne vous encombrez pas en emportant vos biens.
– Ne courez pas.
– Ne revenez jamais sur vos pas.
– N'utilisez pas les ascenseurs.

4. Quels gestes d'urgence pratiquer ?

– Si les cheveux ou les vêtements de quelqu'un s'enflamment, étouffez le feu avec une serviette mouillée ou une couverture. Empêchez la personne de courir.
– En cas de brûlure, réagissez rapidement ! Arrosez la brûlure avec de l'eau tiède pendant au moins 20 minutes.

– Ne posez jamais de glace à même la peau, enveloppez-la dans un chiffon, vous risquez d'aggraver la brûlure.

À SAVOIR : Le monoxyde de carbone (CO) :
Le monoxyde de carbone ou CO est un gaz extrêmement dangereux, car il est inodore et invisible. Il provoque des évanouissements qui peuvent conduire à la mort.
Il existe des détecteurs de monoxyde de carbone (CO) qui obéissent à la norme EN 50291 et sont donc différents des détecteurs de fumée qui obéissent à la norme EN 14604.
Un détecteur mixte porte la référence des deux normes. Seul le détecteur de fumée est obligatoire. Un détecteur de monoxyde de carbone est pourtant particulièrement indiqué lorsqu'on utilise des poêles à pétrole ou à gaz autonomes sans évacuation des gaz brûlés.

FICHE RÉFLEXE 6

Les feux de forêt

Chaque année, en France, les sapeurs-pompiers doivent faire face en moyenne à 4 000 départs de feu. 6 000 communes sont classées à risque de feu de forêt. Les trois quarts des villes ayant été confrontées à ces incendies se situent dans le sud de la France.

1. Quelles sont les régions les plus à risque ?
Le Languedoc-Roussillon, l'Aquitaine, la Provence-Alpes-Côte d'Azur et la Corse, ainsi que les départements de la Drôme et de l'Ardèche, sont des zones particulièrement à risque en raison des conditions climatiques, du milieu et de la végétation.

À SAVOIR :
En Corse et à La Réunion, 100 % des communes sont classées à risque de feu de forêt par les préfets.

2. Comment prévenir les feux de forêt ?
Il est possible de prévoir d'éventuels feux de forêt grâce à la surveillance et aux données météorologiques. En effet, le vent, la température, le taux d'humidité, l'ensoleillement, la sécheresse et même le relief sont des éléments pris en compte dans l'évaluation des risques. L'Indice forêt météo (IFM) permet d'estimer le danger météorologique de feux de forêt en tenant compte de la probabilité de son éclosion et de son potentiel de propagation. Ces informations sont transmises aux autorités préfectorales et communales, qui évaluent la prévision du danger en fonction des conditions locales et de l'importance de la fréquentation touristique. Les services de l'État jouent un rôle important dans la prévention, puisqu'ils sensibilisent les populations, aménagent, surveillent et entretiennent les espaces menacés. Pendant certaines périodes, la réglementation dans ces zones peut être renforcée pour limiter les risques de départ de feu. Des sanctions pénales peuvent être appliquées.

Par exemple, si vous habitez en zone sensible et que vous ne respectez pas l'obligation de débroussaillement, qui permet de limiter les départs de feu, vous vous exposez à une contravention pouvant atteindre 1 500 euros.

3. Comment préparer son domicile si vous habitez dans une zone à risque ?

– Équipez votre domicile d'un tuyau d'arrosage assez grand.
– Si vous avez une piscine, vous pouvez investir dans une motopompe et un tuyau d'incendie.
– Entretenez la végétation environnante en débroussaillant et coupant les arbres morts.
– Élaguez vos arbres et coupez les branches qui se trouvent à moins de 3 mètres du sol.
– Pensez à nettoyer votre toit de tous les végétaux en période de sécheresse.

4. Comment repérer et alerter les secours en cas d'incendie ?

Au moindre signe (fumée, flamme, chaleur), prévenez les sapeurs-pompiers en appelant le 18 ou le 112 et tentez de localiser au mieux l'endroit où vous vous trouvez.

5. Comment réagir si le feu approche de votre propriété ?

Sachez que le feu progresse en général très vite, il peut avancer de 20 à 50 mètres par minute suivant les conditions météorologiques.

– Si l'incendie s'approche de votre domicile, arrosez le terrain et les façades, ainsi que le toit de votre maison.
– Soyez rapide pour alerter les secours.

Attention ! Ne prenez pas seul la décision d'évacuer votre domicile. Mettez-vous à l'abri dans votre domicile ou suivez les instructions des autorités.

6. Que faire si vous êtes en forêt ?

Pour commencer, lorsque vous êtes en forêt, ne prenez aucun risque. Renseignez-vous au préalable sur les conditions climatiques et sécurisez votre parcours en prévenant vos proches de votre itinéraire. N'oubliez pas d'emporter avec vous un moyen de communication afin de rester joignable.

Quelques règles à respecter :

– Ne fumez pas.
– N'allumez pas de feu de camp.
– Ne faites pas de barbecue en pleine nature.

– Ne jouez pas avec des pétards, des allumettes, etc.

– Attention avec votre véhicule, la chaleur qu'il dégage peut embraser de l'herbe sèche.

Si vous êtes témoin d'un départ de feu, tentez de l'éteindre avec de l'eau, de la terre ou du sable. N'utilisez pas de branchages, ils peuvent propager plus rapidement l'incendie.

À SAVOIR :
Si vous êtes pris au piège par les flammes, tentez de vous abriter derrière un obstacle comme un mur ou un rocher avec un linge humide sur le visage en attendant l'arrivée des secours. Manifestez-vous lorsque vous les voyez ou entendez arriver.

CHAPITRE 5

Le grand froid

Il y a une trentaine d'années, en 1985, l'Europe était touchée par une vague de grand froid. La France n'a pas été épargnée. Tout le pays est alors gelé par des températures glaciales durant plusieurs jours. Pour que l'épisode soit considéré comme important, il faut qu'il dure au minimum deux jours et que les températures soient nettement inférieures aux normales de saison. Cette année-là, cette vague de froid intense s'étendra du 3 au 17 janvier. Durant ces deux longues semaines, des records de froid sont enregistrés dans l'Hexagone. Les paysages sont transformés. À Nice, on fait du ski de fond sur la promenade des Anglais ; en Camargue, des milliers de flamands roses sont pris au piège par le gel et périssent ; partout en France, la végétation est dévastée et un pont, celui de Sully-sur-Loire, finira par s'effondrer. Mais le froid ne touche pas uniquement les paysages, la faune et la flore du pays. Les conséquences de ces températures qui avoisinent les -20 °C dans certaines régions vont bien au-delà : en janvier 1985, une très importante surmortalité est observée. Mais cette vague de froid polaire n'est pas un cas unique. Notre pays a dû affronter ces températures extrêmes à plusieurs reprises… On pourra citer comme exemple l'hiver 1956, qui fut encore plus glacial que celui de 1985 ; ou alors, plus récemment, les treize premiers jours du mois de février 2012, qui ont été particulièrement rudes, avec des températures qui oscillaient entre 0 et -10 °C, plaçant cette vague de froid comme la cinquième plus intense de ces cinquante dernières années…

Alors, si ce froid polaire est rarissime, il n'est pas pour autant un risque à négliger. Lorsque le froid s'abat sur la France, c'est souvent l'œuvre d'un anticyclone situé sur l'Islande, la Scandinavie ou la Sibérie. Nous sommes donc impuissants face à ce phénomène qui peut se reproduire. Mieux vaut être préparé.

Les autorités prennent très au sérieux la menace que représente le froid, notamment sur les plus vulnérables. En 2002, le secrétariat d'État à la Solidarité a mis en place un dispositif « Grand Froid » destiné à secourir les personnes sans-abri.

Depuis novembre 2004, la carte de vigilance de Météo-France intègre le risque de grand froid avec un plan dédié activé pour la première fois en 2012.

Les vagues de grand froid ont un impact sur notre santé, notre quotidien, mais aussi notre environnement. Par exemple, lors de l'hiver 2010-2011, les nombreux épisodes de neige et de verglas ont occasionné des pics de passage aux urgences pour des traumatismes dus à des chutes, mais aussi à des intoxications par le monoxyde de carbone, liées à une mauvaise utilisation des appareils de chauffage dans les logements. Il faut aussi savoir que le froid peut favoriser les épidémies de maladies infectieuses, comme les infections respiratoires ou digestives. Le risque d'infarctus du myocarde n'est pas à négliger non plus, en particulier chez les patients atteints de pathologie coronarienne (angor, antécédent d'infarctus…), d'hypertension artérielle, et les personnes âgées de plus de 75 ans, plus sensibles aux variations thermiques. Avec la baisse des températures, le métabolisme ralentit, la production de chaleur baisse et le calibre des vaisseaux sanguins diminue, réduisant ainsi l'apport de sang et d'oxygène au niveau cardiaque et augmentant le risque d'infarctus. Les personnes âgées, les nourrissons, les personnes handicapées ou les personnes souffrant de maladies cardiovasculaires ou respiratoires sont particulièrement menacées par le froid.

Quand le froid est-il un danger ?

L'homme est un animal homéotherme, dont la température reste toujours la même (autour de 37 °C), contrairement aux poïkilothermes ou hétérothermes (animaux à sang froid). Notre organisme est doté d'un formidable système de thermorégulation, capable en fonction des températures extérieures de produire plus ou moins de chaleur pour maintenir notre corps à bonne température et permettre à notre organisme de fonctionner convenablement.

Pour lutter contre un froid extrême, il faut fournir un certain nombre d'efforts supplémentaires afin d'éviter que notre corps ne se refroidisse. C'est une question de survie. En effet, si la température passe sous la barre des 35 °C, c'est l'hypothermie. Votre corps ne fonctionne plus correctement et votre santé est en danger. En dessous de 32 °C, des signes neurologiques peuvent apparaître et vous risquez le coma ; des troubles cardiaques surgissent.

Sans qu'on le sache, quand les températures chutent, notre corps va contracter les vaisseaux sanguins de la peau pour réduire le débit et redistribuer le sang vers les organes vitaux. On observe également une augmentation du rythme cardiaque et de la tension artérielle. Ce système va permettre au corps de produire de la chaleur. Si ce système ne fonctionne pas correctement, ou est empêché par des médicaments, comme c'est le cas chez certaines personnes, notre organisme va avoir des difficultés à lutter contre le froid.

Peut-on mourir de froid ?

Oui ! Notre système de thermorégulation a ses limites. Le corps peut supporter le froid jusqu'à un certain niveau. Prenons un exemple marquant : lors de son voyage inaugural, le *Titanic*, transportant à son bord près de 2 500 voyageurs, heurte un iceberg, puis coule dans les eaux gelées de l'océan Atlantique le 15 avril 1912. La plupart des victimes ne sont pas mortes noyées, mais bien d'hypothermie.

Dans une eau dont la température n'est guère éloignée de son point de congélation, l'espérance de vie d'un être humain n'est que de quelques minutes…

L'organisme ralentit, les victimes s'endorment… mais ne se réveilleront jamais.

En revanche, lorsque les premiers secours arrivent sur les lieux, 1 h 50 après le naufrage, ils parviennent à sauver les rescapés qui se trouvent dans les canots de sauvetage, hors de l'eau.

Autre preuve que le froid peut être mortel : n'oublions pas les sans-domicile-fixe. Chaque hiver, les médias relayent un bien triste marronnier : la mort de personnes SDF. Selon les associations, elles seraient une centaine à perdre la vie chaque année durant les quatre mois les plus froids (janvier, février, novembre et décembre).

Quelles sont les conséquences du froid sur la santé ?

Lorsque le thermomètre affiche des températures proches ou inférieures à 0 °C, qu'il fait trop froid et que le corps ne s'adapte pas assez vite, celui-ci devient moins résistant aux attaques. Le grand froid diminue souvent insidieusement la résistance de notre organisme et peut donc provoquer ou aggraver certaines pathologies.

Face à des défenses diminuées, le froid apporte son lot de maladies. Outre le rhume, les angines ou les grippes, le froid peut aussi provoquer des crises d'angor, aggraver un asthme ou une maladie endocrinienne.

FROID ET MÉDICAMENTS

Attention, le froid peut avoir un effet sur un certain nombre de médicaments.

– La contraction des vaisseaux liée au froid peut modifier l'absorption, la diffusion ou l'élimination de certains médicaments par notre organisme.

– Les neuroleptiques, barbituriques et benzodiazépines, ainsi que certains antihypertenseurs et vasodilatateurs, peuvent aggraver une hypothermie.

– Les bandelettes et les solutions de contrôle de la glycémie peuvent être altérées par une exposition prolongée à des températures inférieures à 4 °C ou à des variations de température trop importantes.

Le risque d'engelures est également lié au grand froid et combiné à l'humidité. Il s'agit de gelures locales de la peau. Les endroits touchés deviennent rouges, enflés, et sont particulièrement douloureux. Les personnes atteintes d'engelures ressentent des démangeaisons très importantes, voire insupportables.

Les engelures ne doivent pas être prises à la légère. Si la personne reste trop longtemps exposée au froid, les engelures peuvent s'aggraver et attaquer en profondeur les tissus de la peau. Dans les cas les plus extrêmes, lorsque des cloques apparaissent, il faut se rendre aux urgences et subir un traitement adapté.

En revanche, dès les premiers signes (peau qui devient blanche, apparition de picotements et sensation d'engourdissement), vous devez réagir en tentant de vous réchauffer progressivement.

EN CAS D'ENGELURE

Attention, en cas d'engelure superficielle, qui ne nécessite pas d'hospitalisation, ne réchauffez pas la peau de façon brutale en l'exposant près d'un radiateur ou à une source de chaleur vive comme un sèche-cheveux.
Ne frictionnez pas et ne massez pas la zone atteinte pour éviter de détruire les tissus.

Enfin, une hypothermie ou des engelures importantes doivent être signalées aux secours dès que possible.

HYPOTHERMIE : LES SYMPTÔMES

– Prononciation saccadée.
– Difficulté à marcher.
– Confusion mentale.
– Perte de coordination des membres.
– Engourdissement progressif.
– Perte de connaissance et coma.

Par ailleurs, le froid peut être responsable d'accidents. Lorsque les températures descendent, notre environnement est modifié. Ainsi, le risque de chute est très important en hiver en raison des sols humides ou glissants, avec, à la clé, de nombreuses fractures.

Les personnes âgées sont particulièrement vulnérables et sont exposées en particulier à une fracture du col du fémur, qui est une partie du corps qui se fragilise avec l'âge.

FICHE RÉFLEXE 7

Grand froid

1. Qui sont les personnes à risque ?

Face au froid, nous ne sommes pas tous égaux. Il existe plusieurs catégories de personnes pour qui le grand froid peut engendrer et aggraver des problèmes de santé. En première ligne, les personnes atteintes de maladies cardiaques et respiratoires.

Les patients souffrant d'insuffisance cardiaque ou coronariene sont les malades les plus à risque. Il est indispensable pour eux d'éviter les efforts physiques importants, surtout à l'extérieur.

Les personnes âgées, mais aussi les nouveau-nés et les nourrissons, sont particulièrement sensibles au grand froid. Pour les nourrissons de moins de 3 mois, il faut savoir que leur régulation thermique n'est pas encore aussi efficace que celle de l'adulte. Une vigilance particulière est donc de rigueur.

2. Comment lutter contre le froid si je dois sortir ?

Si vous devez sortir, prenez un maximum de précautions. La première chose à faire est de consulter la météo afin d'éviter les mauvaises surprises.

Limitez les sorties inutiles et déplacez-vous uniquement en cas de nécessité.

Évitez les expositions prolongées au froid et au vent.

Voici comment vous équiper :

– Couvrez-vous la tête ! C'est par la tête que nous perdons le plus de chaleur. Environ 30 % de la chaleur corporelle s'échappe par la tête.

– Couvrez-vous le nez et la bouche pour respirer le moins d'air froid possible.

– Habillez-vous chaudement, avec plusieurs couches de vêtements, un manteau imperméable à la pluie et au vent. N'oubliez pas de protéger vos extrémités : des gants pour les mains et des chaussettes épaisses pour les pieds. Vous limiterez le risque d'engelures.

3. Les fausses bonnes idées :

– Boire de l'alcool ne réchauffe pas, au contraire ! L'alcool est vasodilatateur, c'est-à-dire qu'il a pour effet de dilater les vaisseaux sanguins et donc de laisser passer plus de sang, ce qui a l'effet inverse de notre

système de thermorégulation. Le corps se refroidit donc plus vite et vous risquez d'être touché par des engelures sévères.
– Fumer pour se réchauffer est une autre idée reçue ! En période de grand froid, les effets néfastes de la cigarette sont augmentés. La fumée absorbée et rejetée a un effet irritant pour les voies respiratoires et ne vous réchauffera pas.
– Trop se couvrir. Attention, s'il est important de se protéger du froid, trop se couvrir sera plus négatif que positif. Quand il fait froid, il faut éviter de suer ; or, trop se couvrir déclenche une sudation. L'évaporation de la sueur entraînera un refroidissement qui peut affaiblir l'organisme.
– Surchauffer les intérieurs. Ne montez pas le chauffage à outrance dans votre logement, car dans une habitation surchauffée votre organisme réagira moins bien aux différences de température et vous risquez le choc thermique ou d'affaiblir considérablement vos défenses immunitaires.

4. Comment chauffer sa maison sans danger ?

Avec une centaine de décès en moyenne par an, le monoxyde de carbone est la première cause de mortalité accidentelle toxique en France. Lorsqu'il fait froid, nous avons tendance à accumuler les mauvaises habitudes. Quoi qu'il arrive, il est indispensable de ne pas boucher les aérations de la maison et d'aérer son domicile au moins 5 minutes par jour, qu'il fasse très chaud ou très froid ! En effet, l'hiver, l'air de nos maisons est 5 à 7 fois plus pollué que l'air extérieur. De plus, un logement qui n'est pas aéré devient rapidement humide. Lorsque nous respirons, nous produisons de la vapeur d'eau. D'où l'intérêt de renouveler l'air.
Revenons à l'intoxication au monoxyde de carbone. C'est un gaz très dangereux et quasi impossible à détecter ! Il est invisible, non irritant et inodore, mais il peut entraîner la mort. Lorsqu'il est inhalé, le monoxyde de carbone (CO) prend la place de l'oxygène dans le sang en se fixant sur les globules rouges. Son action est rapide, et l'organisme est très vite mis en danger. En quelques minutes, les intoxiqués perdent connaissance. Les premiers signes d'une intoxication au monoxyde de carbone sont : des maux de tête, des nausées, une fatigue soudaine, des malaises ou des vomissements. Parfois, une paralysie musculaire peut être ressentie.
Dans ce cas, réagissez immédiatement en ouvrant les portes et les fenêtres, en arrêtant les appareils de chauffage ou de combustion, en quittant les locaux et en appelant les secours.

Pour chauffer votre maison en toute sécurité, faites vérifier et contrôler vos installations : chaudières, chauffe-eau, poêles, cuisinières, cheminées, inserts, appareils de chauffage fixes ou d'appoint.

À SAVOIR :
Si vous êtes les heureux propriétaires d'un chat, soyez attentif, il peut vous sauver la vie ! En 2015, Mistigri a sauvé la vie de toute sa famille en pleine nuit. Ses miaulements insistants ont réveillé sa propriétaire qui avait du mal à respirer. Grâce à Mistigri, cette mère de trois enfants a immédiatement ouvert les fenêtres et fait évacuer sa famille. Lorsque les secours sont arrivés sur place, ils ont constaté un taux très élevé de monoxyde de carbone dans la maison, libéré par une surchauffe de la chaudière défectueuse.

Après une hospitalisation de quelques jours, la famille a pu regagner son domicile saine et sauve.

Si les symptômes atteignent à la fois les humains et les animaux présents sous le même toit, ayez le réflexe « monoxyde de carbone » et évacuez.

FICHE RÉFLEXE 8

Grand froid et médicaments[1]

1. Les risques induits par les médicaments

Les médicaments susceptibles d'aggraver une hypothermie :

– Les médicaments pouvant perturber la thermorégulation centrale (hypothalamus) :

- les neuroleptiques par inhibition du mécanisme du frissonnement au niveau central et par action sur les centres thermorégulateurs ;
- les barbituriques, les benzodiazépines et apparentés, par dépression du système nerveux central.

– Les médicaments pouvant perturber la thermorégulation au niveau périphérique (vaisseaux) par limitation de la réponse vasoconstrictrice :

- certains anti-hypertenseurs (alpha-bloquants, inhibiteurs calciques, inhibiteurs de l'enzyme de conversion de l'angiotensine, antagonistes des récepteurs de l'angiotensine II) ;
- les vasodilatateurs, notamment les dérivés nitrés.

Les médicaments pouvant induire une hypothermie :

Les neuroleptiques favorisent la mauvaise régulation thermique, que ce soit dans des conditions normales de température ou en cas d'épisode de grand froid.

Les médicaments dont l'effet peut être affecté par le froid :

– Les médicaments à faible marge thérapeutique (par modification de leur distribution dans l'organisme ou de leur élimination), notamment :

- les sels de lithium ;
- la digoxine ;
- certains anti-épileptiques (carbamazépine, acide valproïque, phénobarbital, phénytoïne).

– Les médicaments dont l'absorption peut être modifiée :

1. Agence nationale de sécurité du médicament et des produits de santé, décembre 2009 (http://ansm.sante.fr/var/ansm_site/storage/original/application/f23b6bd2b78fe5699aeeebd3c952c477.pdf).

• les patchs, notamment ceux contenant des dérivés nitrés ou du fentanyl ;

• les médicaments administrés par voie sous-cutanée.

Les médicaments pouvant indirectement aggraver les effets du froid :

Les médicaments sédatifs, benzodiazépines et apparentés peuvent altérer les capacités à lutter contre le froid.

2. Que faut-il faire pour se préparer à des épisodes de grand froid ?

Médicaments et facteurs de risques se combinent et doivent conduire à une plus grande vigilance comme :

– respecter les conseils et les mesures préventives pour affronter le grand froid : habillez-vous chaudement, couvrez-vous la tête et les mains, évitez les expositions prolongées, évitez les efforts brusques et les passages rapides du chaud au froid ;

– ne pas prendre de médicaments sans avis médical, même lorsqu'ils sont vendus sans ordonnance ;

– consulter votre médecin lorsque votre suivi médical n'est pas assuré régulièrement, en particulier lorsque la dernière consultation remonte à plusieurs mois. Votre médecin procédera à un examen complet et réadaptera si nécessaire votre traitement ;

– lire attentivement la notice des médicaments que vous prenez. Vous devez respecter les posologies et les heures de prise de vos médicaments telles qu'elles ont été indiquées par votre médecin et votre pharmacien ;

– demander conseil à votre médecin ou à votre pharmacien si vous ressentez des symptômes inhabituels.

3. Comment conserver vos médicaments en cas d'épisode de grand froid ?

Si aucune condition de conservation n'est indiquée sur la boîte de médicaments, le médicament est considéré comme stable et il n'y a aucune précaution particulière à prendre.

En cas de précautions particulières de conservation précisées sur la boîte, les conseils suivants s'appliquent aux :

– médicaments conservés à température ambiante (ne comportant aucune mention particulière de conservation) ou à conserver à une température inférieure à 25 ou à 30 °C : conservez-les dans leur rangement habituel (armoire à pharmacie) ; une exposition au froid pendant quelques jours ne dégrade pas ces médicaments.

– médicaments à conserver entre 2 et 8 °C : conservez-les habituellement dans votre réfrigérateur ; le médicament est sorti du réfrigérateur quelques minutes avant son utilisation.
– médicaments à « ne pas réfrigérer » ou « ne pas congeler » : risque de dégradation du produit ; les médicaments contenant de l'hydrocortisone ou du lactulose ne doivent pas être mis au réfrigérateur (ou à une température extérieure inférieure à 8 °C). De même, ne congelez pas les vaccins et les insulines.

Chapitre 6

Canicule et fortes chaleurs

Les fortes chaleurs qui touchent notre pays sont beaucoup plus rares et imprévisibles que les vagues de froid hivernales. Pourtant, elles ne sont pas moins dangereuses. Lorsque le thermomètre grimpe en flèche, il est impossible de ne pas repenser à l'été 2003 et son bilan funeste. Cette année-là, l'Europe est confrontée dès le début du mois de juillet à des températures particulièrement chaudes.

Mais la France ne s'attend pas à traverser une période de canicule exceptionnelle.

Ce n'est qu'à partir du mois d'août que les températures s'envolent, que le thermomètre explose et que la situation devient dramatique. C'est à ce moment-là que la vague de chaleur a été le plus violente et que l'épisode caniculaire est apparu.

Du 2 au 19 août, les conditions climatiques ont été extrêmes, prenant de court les autorités et le pays tout entier. Jusqu'alors, le risque de canicule n'avait jamais été vraiment pris en compte. C'est pourquoi, face à la montée brutale des températures, les Français ont été désemparés. Ils n'étaient manifestement pas prêts à affronter de telles chaleurs. L'été

2003 fut donc le plus chaud que la France ait connu depuis plus de 50 ans. Les records de température se sont enchaînés dans toutes les régions. Selon un rapport de l'Institut national de veille sanitaire, les deux tiers des 180 stations météorologiques implantées sur le territoire ont enregistré des températures supérieures à 35 °C. Plus impressionnant encore, dans certaines régions, le mercure est monté encore plus haut, comme en Bretagne, où le thermomètre affichait 40 °C, ce qui ne s'était encore jamais produit depuis le début des mesures de température.

La canicule qu'a subie notre pays durant la première quinzaine d'août est même comparée par certains spécialistes à un « séisme thermique ».

Et pour cause, la canicule de 2003 a été exceptionnelle par l'importance des températures, par sa durée, mais aussi par l'apparition d'un pic de pollution à l'ozone.

Cette canicule a été si brutale et imprévisible que son bilan fut dramatique. Aujourd'hui encore, elle est considérée comme l'une des catastrophes sanitaires les plus importantes que notre pays ait connues.

Au plus fort de la canicule, la réponse des autorités puis la mise en place des secours ont été tardives, insuffisantes et désordonnées. Les acteurs de terrain, et en particulier les personnels hospitaliers dont le Dr Patrick Pelloux lancent l'alerte tout en improvisant une gestion de crise pour prendre en charge les victimes de la chaleur. Malgré la mobilisation des services publics et le dévouement des personnels, le bilan humain avoisine les 15 000 victimes. Les personnes âgées ont été particulièrement touchées par ces fortes chaleurs. C'est l'hécatombe des plus de 75 ans. Ce bilan est un choc pour les autorités et la population. La canicule de 2003 a clairement remis en cause notre système de santé. Depuis, un plan national canicule a été élaboré à la demande du ministère de la Santé. Ce plan prévoit 4 niveaux d'alerte.

Le niveau 1 est un niveau de veille saisonnière, il est automatiquement activé durant la période du 1er juin au 31 août de chaque année. Il permet d'assurer une surveillance météorologique et sanitaire, ainsi que l'ouverture de la plate-forme téléphonique nationale : 0 800 06 66 66.

Le deuxième niveau de vigilance « avertissement chaleur » permet de renforcer certains services, ainsi que la communication auprès du public.

Le troisième niveau est l'« alerte canicule ». Lorsqu'il est déclenché, le préfet prend toutes les mesures adaptées dans le cadre du Plan de gestion départemental d'une canicule. Des actions de prévention et de gestion sont mises en œuvre par les services publics. Le « plan bleu » peut être déclenché dans les établissements accueillant des personnes âgées ou handicapées.

Enfin, le quatrième et dernier niveau est la « mobilisation maximale ». Il correspond à une vigilance météorologique rouge, synonyme de canicule avérée, exceptionnelle, très intense et durable. Ce niveau d'alerte déclenche une gestion de la crise coordonnée par les ministères concernés.

Depuis 2003, la France est régulièrement exposée à des périodes de canicule, plus ou moins longues ou violentes. La résistance à la chaleur passe donc par la prévention des risques et l'apprentissage de gestes quotidiens qu'il ne faut pas négliger, diffusé en masse par les autorités à la télévision, à la radio et sur des affiches.

Quelles sont les caractéristiques d'une canicule ?

Le mot est apparu pour la première fois en 1 500. Il vient de l'italien *canicula* qui signifie « petite chienne ». Ce nom a été donné à l'étoile la plus brillante de la constellation du Grand

Chien. Cette étoile se lève et se couche avec le soleil du 22 juillet au 22 août, correspondant ainsi à la période la plus chaude de l'année… Au fil du temps, l'appellation « jours de canicule » a fini par désigner des jours de chaleur intense.

Il faut néanmoins distinguer canicule et vague de chaleur. Météo-France définit la canicule comme « un épisode de températures élevées, de jour comme de nuit, sur une période prolongée », contrairement à la vague de chaleur, qui correspond à des températures anormalement élevées mais sur une période plus courte. En revanche, la vague de chaleur peut être requalifiée en canicule par les météorologues en fonction du niveau des températures et de la durée de l'épisode.

En France, les fortes chaleurs sont généralement attendues entre le 15 juillet et le 15 août, mais toutes ne sont pas considérées comme des canicules.

Quelles sont les conséquences sur la santé ?

L'exposition à des températures élevées constitue une agression pour notre organisme.

Chacun d'entre nous court de nombreux risques en cas de canicule, comme la déshydratation, le coup de chaleur ou bien l'aggravation d'une maladie chronique.

Comme pour le grand froid, l'organisme réagit à la chaleur pour se protéger. Dès que la température corporelle dépasse les 37 °C, notre corps se met à transpirer, la respiration s'accélère et les vaisseaux sanguins situés à la surface de la peau se dilatent pour refroidir le sang.

En période de canicule, il y a des risques pour votre santé. Écoutez votre corps. Certains signes peuvent vous alerter en cas de forte chaleur. Voici les signes qu'il ne faut pas négliger :

- Les crampes.
- Une fatigue inhabituelle.

- Des maux de tête.
- De la fièvre.
- Des nausées.
- Des vertiges ou des propos incohérents.

LE RÔLE DE LA TRANSPIRATION

La transpiration est un phénomène naturel contre lequel il ne faut pas lutter, car il est indispensable. Il s'agit d'une stratégie de défense de l'organisme face à la chaleur.
La sueur va jouer un rôle important dans la régulation de la température corporelle. Lorsque le corps risque la surchauffe, il produit de la sueur, ce qui permet d'humidifier la surface de la peau et facilite ainsi l'abaissement de la température corporelle.

Notez également que ce n'est pas la sueur qui est responsable des mauvaises odeurs, mais les bactéries microscopiques qui se trouvent à la surface de la peau, qui vont se nourrir de la sueur et relâcher des composés chimiques odorants.

FICHE RÉFLEXE 9

Canicule

1. Qui sont les personnes à risque ?

Certaines personnes résistent moins bien à la chaleur. C'est le cas notamment des nourrissons et des enfants, qui risquent souvent la déshydratation. Même constat pour les femmes enceintes et les personnes en situation de handicap. D'autres catégories de personnes sont également à surveiller. Les personnes en surpoids, celles souffrant de pathologies chroniques comme la maladie de Parkinson ou qui sont asthmatiques, doivent également faire l'objet d'une surveillance particulière.

Enfin, les personnes âgées sont particulièrement sensibles. En 2003, la majorité des 15 000 victimes de la canicule étaient des personnes âgées de plus de 75 ans. Et pour cause, en vieillissant, on perçoit moins bien la chaleur, on transpire moins et la sensation de soif est atténuée. Chez les personnes âgées, la démence ou la maladie d'Alzheimer peuvent également entraîner une méconnaissance des risques engendrés par la canicule. D'où l'importance d'être très vigilant et de ne pas laisser ces personnes seules. En 2003, c'est aussi le manque de solidarité qui a tué !

2. Quels sont les gestes de prévention ?

Pour tout le monde, des gestes simples sont à mettre en place lorsque les fortes chaleurs durent plusieurs jours et que la température ne baisse pas la nuit. Voici les gestes de prévention recommandés :

- Buvez régulièrement de l'eau sans attendre d'avoir soif.
- Mouillez-vous le corps plusieurs fois par jour à l'aide d'un brumisateur, d'un gant de toilette ou en prenant des douches fraîches et ventilez-vous.
- Évitez les efforts physiques et ne sortez pas aux heures les plus chaudes, entre 11 heures et 21 heures.
- Mangez en quantité suffisante.
- Ne buvez pas d'alcool.
- Si vous avez des personnes âgées, souffrant de maladies chroniques ou isolées dans votre entourage, prenez de leurs nouvelles ou rendez-leur visite plusieurs fois par jour.

– En cas de malaise ou de troubles du comportement, appelez un médecin.
– Pendant la journée, fermez volets, rideaux et fenêtres et aérez la nuit.

À SAVOIR : Comment s'habiller en cas de canicule ?
Afin de limiter les effets des fortes chaleurs, il est judicieux de bien choisir ses vêtements.
– Privilégiez les matières naturelles (coton, lin, soie...) qui laissent la peau respirer et sont thermorégulatrices, contrairement aux matières synthétiques.
– Évitez les vêtements moulants et trop près du corps qui peuvent bloquer la circulation sanguine.
– Pour les chaussures, préférez les plates et ouvertes et, si vous devez impérativement mettre des chaussures de ville, mettez des chaussettes en coton pour ne pas amplifier le phénomène de chaleur dans vos chaussures.
– Couvrez-vous la tête si vous devez sortir et que vous êtes exposé en plein soleil.

3. Comment rafraîchir sa maison ?

– En cas de fortes chaleurs, il est recommandé de rester dans des endroits frais et climatisés. S'il fait trop chaud chez vous, n'hésitez pas à vous rendre dans un supermarché ou au cinéma.
– En revanche, si vous souhaitez rester à votre domicile, sachez qu'il existe un certain nombre de choses à faire pour garder la fraîcheur à l'intérieur et empêcher la chaleur de rentrer.
– La première chose à faire est de fermer les volets, les stores ou les rideaux.
Fermez également vos fenêtres la journée et ouvrez-les la nuit.
– Limitez l'utilisation des appareils électroniques. Lorsqu'ils sont laissés en veille, ils produisent de la chaleur.
– Si votre sol est en carrelage, humidifiez-le plusieurs fois par jour, mais faites attention de ne pas glisser.

– Si vous disposez d'une climatisation, réglez le thermostat 5 °C en dessous de la température ambiante, pour rafraîchir l'air de votre intérieur. Enfin, si vous disposez d'un ventilateur, placez un bol de glaçons ou une bouteille d'eau glacée devant. Vous obtiendrez de l'air frais pendant une quinzaine de minutes.

4. Comment venir en aide à une victime d'un coup de chaleur ?

Le coup de chaleur est un véritable danger en cas de canicule. Il peut provoquer le décès chez les personnes les plus vulnérables mais également chez des personnes en parfaite santé comme on le déplore chaque année (travailleurs en extérieur, sportifs...).

L'objectif est de refroidir et de réhydrater la victime dans un endroit bien aéré. Si vous êtes témoin d'un coup de chaleur, vous devez :

– Transporter la victime dans un lieu frais, ou la rafraîchir en desserrant ses vêtements ou en humidifiant sa peau à l'aide d'un linge humide et frais pour faire redescendre sa température corporelle.

– Si la victime est consciente, faites-lui boire de l'eau.

– Appelez immédiatement les secours.

En revanche, si la victime est inconsciente, allongez-la en position latérale de sécurité (PLS) et prévenez les secours le plus rapidement possible.

5. Les fausses bonnes idées en période de canicule :

– Prendre des douches froides en cas de canicule : vous risquez de brutaliser votre organisme. Cela peut même s'avérer dangereux pour les personnes plus fragiles. L'idéal est donc la douche tiède.

– Régler la climatisation sur « très froid ». Pour être à bonne température, vous devez régler correctement votre climatisation. Elle ne doit pas être descendue en dessous de 23 °C. La plupart des gens ajustent leur climatisation à 18-19 °C et c'est trop bas. C'est ça qui déclenche des rhumes.

– Boire une bière fraîche pour se désaltérer. Pour commencer, il faut savoir que boire très froid n'est pas recommandé en cas de forte chaleur. Le froid va couper votre envie de boire. De plus, l'alcool altère vos capacités de lutte contre la chaleur et favorise la déshydratation.

– Éviter les plats salés quand il fait chaud. Le sel donne soif, certes, mais en consommer un peu en période de forte chaleur n'est pas une mauvaise idée, car il contribue à donner soif et donc encourage à s'hydrater. Il faut également savoir que la transpiration entraîne une perte de sel, d'où l'importance de ne pas se mettre au régime sans sel strict en période de forte chaleur.

– Prendre de l'aspirine ou du paracétamol si vous avez de façon inhabituelle des douleurs ou de la fièvre. En effet, l'aspirine peut gêner l'adaptation de votre organisme à la chaleur et le paracétamol est inefficace pour traiter le coup de chaleur.

À SAVOIR : Attention à l'hyperhydratation.
Il peut être dangereux pour les personnes âgées de trop boire. Les personnes âgées ne transpirent pas ou peu, surtout après 48 heures de chaleur, et perdent donc peu ou pas d'eau avec un système urinaire souvent plus lent. Trop d'eau (plus de 3 litres par exemple) provoque un déséquilibre du taux de sodium dans le sang avec un risque d'œdème cérébral et de coma. Chaque année, l'hyperhydratation fait des victimes chez les personnes âgées.

FICHE RÉFLEXE 10

Canicule et médicaments[1]

1. Les risques induits par les médicaments.

Certains médicaments peuvent aggraver le danger d'une trop longue ou d'une trop forte exposition à la chaleur et nécessitent une vigilance accrue. Notamment :

– des médicaments pour traiter une maladie cardiaque : les diurétiques peuvent aggraver la déshydratation ; de même, les médicaments contre la tension et l'angine de poitrine peuvent aggraver une hypotension ; tous les médicaments traitant les troubles du rythme ainsi que la digoxine peuvent devenir toxiques en cas de déshydratation ;

– des médicaments utilisés en psychiatrie : les neuroleptiques peuvent dérégler le thermostat central de l'organisme et provoquer une augmentation de la température ; les sels de lithium peuvent devenir toxiques en cas de déshydratation ; les médicaments contre la dépression peuvent gêner la transpiration ;

– des médicaments pour traiter une épilepsie peuvent devenir toxiques en cas de déshydratation ;

– des médicaments contre la migraine peuvent empêcher la dilatation des vaisseaux de la peau ou diminuer la transpiration ;

– certains antibiotiques et certains antiviraux peuvent gêner le fonctionnement normal du rein en cas de déshydratation ;

– certains immunosuppresseurs peuvent gêner le fonctionnement normal du rein en cas de déshydratation ;

– les anti-inflammatoires, notamment l'aspirine à une dose supérieure à 500 mg/j, peuvent gêner le fonctionnement des reins en cas de déshydratation ;

– certains médicaments soignant la maladie de Parkinson, l'incontinence urinaire ou l'allergie peuvent gêner la transpiration.

---

1. Informations sur les traitements médicamenteux en cas de vague de chaleur : Agence nationale de sécurité du médicament et des produits de santé, juin 2016 (http://ansm.sante.fr/content/download/6127/59445/version/10/file/QR-traitement-vaguechaleur-2016.pdf).

ATTENTION !
Le médicament ne représente pas à lui tout seul un risque lors des fortes chaleurs.
N'arrêtez jamais votre traitement sans en avoir parlé à votre médecin ou pharmacien.

2. Que faut-il faire pour se préparer à de fortes chaleurs ?

Il est indispensable de respecter scrupuleusement les règles d'utilisation des médicaments et de comportement en cas de canicule et particulièrement :

– boire régulièrement, se protéger du soleil et de la chaleur et se rafraîchir (douche, bain, serviettes humides appliquées sur la peau...) ;

– toujours prendre conseil auprès de son pharmacien ou médecin, même lorsqu'il s'agit de médicaments vendus sans ordonnance ;

– ne pas hésiter à reconsulter son médecin pour éventuellement réadapter si nécessaire le traitement.

3. Comment conserver vos médicaments en cas de forte chaleur ?

– Si aucune condition de conservation n'est indiquée sur la boîte des médicaments, cela signifie que le médicament est stable, même en cas de fortes chaleurs ; aucune précaution à prendre.

– Les médicaments pour lesquels est indiquée une conservation à une température inférieure à 25 °C ou à 30 °C peuvent être conservés dans leur rangement habituel ; ces médicaments résistent pendant plusieurs jours à des températures élevées type canicule.

– Les médicaments pour lesquels est indiquée une conservation entre 2 et 8 °C doivent être conservés au réfrigérateur ; il faut éviter de les laisser trop longtemps sortis et de les remettre de nouveau au réfrigérateur (éviter le cycle « froid-chaud-froid »).

– Dans tous les cas, éviter d'exposer les médicaments au soleil.

Chapitre 7

Secousses et tremblement de terre

Dans la nuit su 23 au 24 août 2016, nos voisins italiens ont dû affronter un terrible séisme de magnitude 6,2 sur l'échelle de Richter (qui en compte 9,0). Le tremblement de terre s'est produit en plein centre du pays, détruisant plusieurs villages qui se trouvaient à seulement 150 kilomètres de Rome.

Le bilan est catastrophique. Après les secousses, les secours se retrouvent face à un champ de ruines. Les bâtiments, les maisons et les édifices se sont littéralement effondrés sur la population. Des milliers de bénévoles et de secouristes professionnels se sont mobilisés pour chercher dans les décombres une trace de vie si minime soit-elle. Mais, deux jours après la catastrophe, les autorités comptabilisaient près de 300 morts et environ 400 blessés. 2 500 personnes ont également perdu leur habitation pendant le séisme… Après le drame, l'incompréhension règne et les médias italiens s'interrogent : le risque sismique a-t-il été sous-estimé par les autorités ? Comment des bâtiments récents ont-ils pu s'effondrer alors que, dans cette zone sensible aux tremblements de terre, ils sont censés être construits selon des normes antisismiques ? Pour tenter de comprendre l'ampleur de la catastrophe, le chef du gouvernement italien, Matteo Renzi, a déclaré qu'une enquête serait ouverte…

Alors, si l'Italie tremble, la France doit-elle s'inquiéter ? Existe-t-il des régions dans notre pays susceptibles de subir le même sort funeste que ces villages italiens ?

Les experts sont formels, les risques ne sont pas nuls, mais restent très faibles… En effet, la France métropolitaine est située au milieu de la plaque eurasienne. Elle se trouve donc plus ou moins éloignée des frontières des plaques tectoniques, là où les ruptures et les séismes sont le plus violents. Cependant, le risque sismique dans l'Hexagone n'est pas à écarter, surtout dans certaines zones comme les Alpes françaises, les Pyrénées et le département des Alpes-Maritimes, qui sont particulièrement concernées par le « zonage sismique » établi par les autorités en 2011. Ce zonage découpe le territoire français en 5 zones de sismicité, de très faible à forte, en passant par des zones faibles, modérées et moyennes. Environ 21 000 communes sont concernées.

Pour mémoire, la France a déjà connu 8 séismes d'intensité supérieure ou égale à 6, niveau qui signifie que l'intensité des secousses a eu un impact sur les constructions.

On peut citer par exemple le séisme d'intensité 7,5 qui a frappé les Pyrénées centrales en 1980 ou bien celui de 1996 qui a touché Annecy avec une intensité de 7. D'autres séismes, d'intensité moindre, ont été plus récemment ressentis, comme celui de Saint-Dié en février 2003 et celui de Franche-Comté en février 2004.

Est-il possible de prévoir un séisme ?

La réponse est non. Cela fait des années que les géographes et les sismologues tentent de comprendre ce phénomène imprévisible. Il est pour l'heure impossible de donner la date de survenue d'un séisme. S'ils ne sont toujours pas parvenus à détecter les signes annonciateurs d'un tremblement de terre pour émettre une prévision, ils sont néanmoins capables d'estimer la probabilité de rupture des failles tectoniques. En revanche, ces données sont très relatives et ne donnent que des informations sur des risques sismiques qui s'étendent sur une ou plusieurs décennies à venir, sans plus de précisions.

Peut-on se préparer à affronter un séisme ?

La réponse est oui, même si le caractère « imprévisible » des séismes rend la lutte plus compliquée ; on ne peut pas par exemple se préparer à l'affronter comme un épisode météorologique annoncé plusieurs jours ou plusieurs heures à l'avance. Lorsque les secousses se font ressentir, nous n'avons pas d'autre choix que d'être dans la réaction immédiate. Une préparation est cependant indispensable pour acquérir les bons réflexes et les gestes qui sauvent. S'il n'est pas possible d'agir sur l'aléa sismique, il est possible de réduire les risques grâce à des actions de prévention.

Pour commencer, renseignez-vous sur la zone où vous habitez. La sismicité ne se répartit pas de manière uniforme sur le territoire français. Un séisme (ou tremblement de terre) correspond à une fracturation (processus tectonique aboutissant à la formation de fractures des roches en profondeur) le long d'une faille généralement préexistante. Renseignez-vous sur le degré d'exposition de chaque commune grâce à la cartographie du zonage sismique disponible sur le site Internet du ministère de l'Environnement, de l'Énergie et de la Mer[1].

Le site Géorisques[2] permet de connaître précisément les risques près de chez soi en entrant directement son adresse.

1. http://www.developpement-durable.gouv.fr/La-prevention-du-risque-sismique.html
2. http://www.georisques.gouv.fr/

Une évaluation du risque sismique est déterminée en fonction du type d'exposition, de très faible à forte.

La deuxième mesure à mettre en œuvre pour chaque citoyen est d'évaluer la vulnérabilité de son logement face à la menace sismique en déterminant son mode de construction. Une maison construite à base de maçonnerie en pierres anciennes ne résistera pas de la même manière qu'une maison conçue avec une ossature en béton armé ! Si vous estimez que votre maison est vulnérable, vous pouvez envisager des travaux de renforcement en respectant les règles de construction parasismique.

Enfin, la troisième mesure à prendre est de se préparer à l'éventualité d'un tremblement de terre.

Quels sont les risques pendant un séisme ?

Il faut bien comprendre que ce n'est pas le séisme lui-même qui tue ou qui blesse, mais les constructions qui s'effondrent sur leurs occupants. Lors d'un tremblement de terre, les bâtiments peuvent être fragilisés, endommagés ou complètement ruinés.

Les dégâts peuvent être considérables et faire de nombreuses victimes, coincées dans les décombres.

Une estimation datant de 1999, réalisée par le ministère de l'Environnement et le Bureau de recherches géologiques et minières montre qu'un séisme qui se produirait à Nice, hors saisons touristiques, pourrait causer la mort ou engendrer des blessures graves à 80 personnes et faire entre 20 000 et 60 000 sans-abri, sans compter les coûts monstrueux, s'élevant à plusieurs milliards d'euros, qu'un tel désastre pourrait avoir pour la collectivité.

Outre les effondrements, les secousses sismiques peuvent provoquer une véritable onde de choc et déclencher des glissements de terrain, des chutes de blocs ou des coulées de boue.

Les secouristes disposent d'un équipement de pointe pour chercher les victimes ensevelies sous les gravats. Les opérations sont dirigées depuis un poste de commandement dressé près du lieu de la catastrophe. Il permet d'organiser les recherches. Des spécialistes en sauvetage-déblaiement utilisent un équipement d'écoute et des capteurs qu'ils disposent sur les dalles des bâtiments pour entendre les personnes bloquées sous les décombres. Mais la technologie ne s'arrête pas là, les spécialistes peuvent également explorer l'intérieur des ruines à la recherche de victimes grâce à des micro-caméras télescopiques.

Les secouristes sont également épaulés par des brigades cynophiles. Les chiens sont d'une grande aide, car ils peuvent sentir et repérer une victime à plusieurs mètres sous les gravats. Lorsqu'il en repère une, le chien aboie ou gratte si la personne est vivante. En revanche, si la personne est décédée, le chien réagira différemment pour prévenir ses maîtres.

Une fois repérée, la victime est alors sortie des décombres avec beaucoup de précautions. Les secouristes se mobilisent pour éviter le sur-accident et l'effondrement de la zone où se situe la personne prise au piège. Une fois extraite, la victime n'est pas pour autant tirée d'affaire. Nous redoutons le « crush syndrome », connu aussi sous le nom de « syndrome de l'écrasement ». Il correspond à la libération dans le sang de toxines et de potassium, élément chimique dangereux à forte concentration et qui est produit par les tissus musculaires écrasés ; on parle de rhabdomyolyse.

Lorsque la victime est libérée, ce taux de potassium devient brutalement très élevé et peut entraîner des troubles du rythme cardiaque et conduire au décès.

Sa prévention repose sur une hydratation importante et une alcalinisation avec des solutions de perfusion adaptées. L'insuffisance rénale, si elle est importante, peut nécessiter le recours à une dialyse sanguine transitoire.

Outre le potassium, la décompression des muscles libère subitement d'autres toxiques issus de la nécrose dans le sang. La prise en charge médicalisée est donc indispensable pour garantir la survie.

FICHE RÉFLEXE 11

Se préparer à un tremblement de terre : exemple canadien[1]

Chaque année au Canada, près de 5 000 tremblements de terre sont enregistrés.

Avant un tremblement de terre, voici les conseils donnés par la Sécurité publique Canada, en collaboration avec l'Ambulance Saint-Jean, la Croix-Rouge canadienne et Ressources naturelles Canada (RNCan) :

– Inspectez votre maison et imaginez tout ce qui pourrait arriver dans chaque pièce en cas de tremblement de terre violent. Au fur et à mesure, cochez les éléments que vous effectuez.
– Apprenez à tous les membres de votre famille (s'ils sont assez âgés) comment fermer l'eau et l'électricité.
– Étiquetez clairement les positions « ouvert » et « fermé » de l'eau, de l'électricité et du gaz.
– Recollez ou reclouez les bardeaux de toit décollés.
– Fixez le chauffe-eau à des montants verticaux ou à la maçonnerie en utilisant du matériel de renforcement afin d'éviter que le chauffe-eau ne bascule et n'endommage une conduite de gaz ou d'eau.
– Fixez les gros appareils, tels que les réfrigérateurs, aux murs.
– Fixez les appareils électroniques lourds et dispendieux.
– Fixez le dessus des meubles lourds et des étagères au mur à l'aide d'encrage et de fixations flexibles. Évitez de placer des articles lourds sur les tablettes du haut.
– Fixez les objets dispendieux ou fragiles qu'il pourrait être coûteux de remplacer.
– Fixez de façon sécuritaire les miroirs, les tableaux et les autres objets accrochés aux murs, afin d'éviter qu'ils ne tombent.
– Éloignez des cheminées et des fenêtres les lits et les chaises. N'accrochez pas de cadres ou autres objets lourds à la tête des lits. Fermer les rideaux et les stores empêchera les éclats de vitre d'aboutir sur les lits.

1. http://www.preparez-vous.gc.ca/cnt/rsrcs/pblctns/rthqks-wtd/index-fra.aspx#s2

– Insérez des tapis antidérapants sous les téléviseurs, les ordinateurs et les petits appareils ménagers, ou fixez-les avec du velcro ou autres produits similaires.
– Installez des dispositifs à l'épreuve des enfants ou des loquets aux portes d'armoires pour empêcher leur contenu de tomber.
– Gardez les articles inflammables et tout produit chimique à usage domestique loin de toute source de chaleur et à un endroit où ceux-ci risquent moins de se répandre.
– Fixez les objets dans le garage afin de réduire les risques de déversements de matières dangereuses qui pourraient endommager un véhicule.
– Consultez un professionnel afin de vous informer sur d'autres façons de protéger votre maison, comme la fixer solidement à la fondation et d'autres techniques pour en améliorer la structure.
– Si vous habitez un immeuble d'appartements à plusieurs étages, consultez le gérant de votre immeuble ou le syndicat des copropriétaires pour décider du meilleur moyen de mettre votre logis « à l'épreuve » des tremblements de terre. Demandez conseil à des professionnels (ingénieurs, autorités de la protection civile) si vous ne savez pas exactement ce qu'il faut faire.
– Si vous habitez dans une maison mobile (mobile home), vous pouvez laisser les roues de la maison mobile en place ou installer un système d'ancrage qui maintiendra la maison sur son support et diminuera les risques qu'elle tombe. Vérifiez si les auvents sont installés solidement. Pour obtenir plus d'information sur la meilleure façon d'ancrer la maison, communiquez avec une association de concessionnaires ou de propriétaires de maisons mobiles.
– Révisez votre plan d'urgence familial avec les membres de votre famille.
– Conservez une trousse d'urgence qui vous permettra de subvenir à vos besoins pour une période minimale de 72 heures.
– Consultez votre courtier au sujet des assurances en cas de tremblement de terre. Vérifiez votre couverture : elle pourrait avoir une incidence sur votre capacité financière à recouvrer les pertes après un tremblement de terre.

FICHE RÉFLEXE 12

Que faire et ne pas faire pendant un tremblement de terre ?

Les tremblements de terre peuvent survenir à tout moment ! Où que vous soyez, dès les premières secousses, il faut vous mettre à l'abri. Les tremblements de petite envergure ne durent que quelques secondes, alors que les plus violents durent plusieurs minutes.

1. Ce qu'il faut faire :

– Gardez votre calme.

– À l'intérieur, « ABRITEZ-VOUS ET AGRIPPEZ-VOUS » ; abritez-vous sous un meuble solide comme une table, un bureau ou un lit.

– À l'extérieur, dirigez-vous vers un endroit dégagé, à l'écart des immeubles.

– Couvrez votre tête afin de vous protéger de tout objet qui pourrait vous tomber dessus.

– Agrippez-vous au meuble qui vous protège. En cas de fortes secousses, celui-ci peut bouger.

– Si aucun meuble ne peut vous protéger, mettez-vous accroupi au pied d'un mur porteur en protégeant votre crâne.

– Pour les personnes en fauteuil roulant, bloquez les roues et protégez-vous également la tête et le cou.

– Au volant : arrêtez-vous à un endroit sûr où vous ne bloquerez pas la route pour les véhicules de secours et d'urgence ; évitez les ponts, les passages sous ou sur les viaducs et les rues bordées d'immeubles susceptibles de s'effondrer. Restez à l'intérieur de la voiture et écoutez la radio. Ne sortez pas de votre véhicule si des fils électriques sont tombés dessus. Si vous avez besoin d'aide, inscrivez « À L'AIDE » sur un panneau en grosses lettres à brandir à la fenêtre.

2. Ce qu'il ne faut pas faire :

– Se mettre près d'une porte ou une fenêtre. Les éclats de bois ou de verre pourraient vous blesser.

– Prendre l'ascenseur. Sortez immédiatement dès les premiers signes.

– Rester près d'une source d'électricité. Éloignez-vous le plus possible des fils électriques dénudés ou arrachés. Ils peuvent déclencher un incendie.
– Utiliser allumettes ou briquets ou ouvrir les lumières sans être certain qu'il n'y a pas de fuite de gaz ou de liquides inflammables.
– Rester en bord de mer. Les tremblements de terre peuvent avoir des répercussions sur les mers et océans. D'importantes vagues peuvent surgir à tout moment le long des côtes et tout emporter sur leur passage.

3. Les gestes qui sauvent après un séisme.

Après un séisme, la difficulté pour les sauveteurs est d'organiser les secours. De plus, après un tremblement de terre, il n'est pas rare que d'autres secousses soient ressenties juste après, ce qui rend les recherches encore plus difficiles et dangereuses.
Après un séisme, si vous n'êtes pas blessé, restez sur vos gardes jusqu'à l'arrivée des secours.
Voici les mesures de précaution à prendre :

– Fermer le gaz et l'électricité et ouvrir les fenêtres s'il y a une odeur de gaz.
– Évacuer le bâtiment sans emprunter les ascenseurs et se diriger vers un espace libre (stade de foot...) ou point de rassemblement sans raser les murs (marcher au milieu de la rue).
– Emporter vos papiers, des vêtements chauds et, si nécessaires, vos médicaments.
– Ne pas fumer ni allumer de bougie (risque d'explosion); ne pas toucher des câbles au sol.
– Éviter les zones côtières (risque de tsunami).

En revanche, les personnes qui ont été ensevelies, qui sont blessées et ou coincées sous les décombres doivent :

– Ne pas paniquer et attendre l'arrivée des secours.
– Tenter de trouver ou de garder une source d'oxygène et si possible une alimentation en eau.
– Écouter la radio ou la télévision pour les directives officielles.
– Lorsque les secours arrivent, attirer leur attention en faisant du bruit ou avec un panneau « À l'AIDE » à la fenêtre.

À SAVOIR :
Il est possible de vivre longtemps sous les décombres. En mai 2013, lors d'un séisme au Bangladesh, une femme a été retrouvée 17 jours après l'effondrement de l'immeuble.
Mais il ne s'agit pas non plus de la plus longue période de survie. En 2005, une femme de 40 ans a été tirée des ruines de sa maison au Cachemire pakistanais, deux mois après le tremblement de terre.
Un être humain peut rester jusqu'à deux semaines sans boire à condition qu'il ne soit pas exposé à des températures trop élevées. En ce qui concerne l'alimentation, le corps peut résister 25 jours en puisant dans les réserves de graisse ou les muscles.

Chapitre 8

Risque nucléaire

Le 11 mars 2011, le monde entier a les yeux rivés sur le Japon, qui vient d'être touché par un séisme de magnitude 9, à quelques kilomètres seulement des côtes. Suite à la puissance de l'onde de choc, une vague de plus de 10 mètres de haut s'abat ensuite sur le littoral nippon, détruisant tout sur son passage. Mais le pire reste à venir. Une centrale nucléaire, celle de Fukushima, est endommagée par la violence du séisme et le tsunami qu'il a provoqué. Plusieurs réacteurs tombent en panne, l'électricité est coupée dans la centrale et les groupes électrogènes ne parviennent pas à prendre le relais. Malgré les multiples interventions des autorités, la catastrophe est inévitable. Elle entraîne l'arrêt des systèmes de refroidissement des piscines de désactivation des combustibles irradiés et la fusion des cœurs d'au moins deux réacteurs. Des explosions sont également survenues dans les bâtiments des réacteurs 1 à 4, provoquant d'importants rejets radioactifs. L'accident est classé au niveau 7 de l'échelle INES (International Nuclear Event Scale, qui comporte huit niveaux de 0 à 7). Il s'agit du niveau le plus élevé pour une catastrophe nucléaire, rappelant celle de Tchernobyl, qui a eu lieu vingt-cinq ans auparavent. Le bilan écologique, sanitaire et économique est dramatique. Plus de 100 000 personnes sont évacuées dans un rayon de 20 km autour de la centrale.

Après la catastrophe, le gouvernement a lancé un vaste programme de décontamination de la province de Fukushima. Les murs et les toits des maisons sont lessivés, les arbres et les végétaux sont élagués, le sol est décapé sur cinq centimètres et des centaines de milliers de mètres cubes d'eau sont dépollués.

En parallèle, des milliers de citoyens sont suivis en passant des examens médicaux et biologiques pour détecter et déceler les effets de la radioactivité sur l'organisme ainsi que l'apparition de cancers. Aujourd'hui encore, le bilan de cette catastrophe nucléaire n'est pas encore totalement connu.

Alors, au-delà du cas de la centrale de Fukushima, doit-on craindre une telle catastrophe en France, qui est le premier pays au monde en nombre de réacteurs nucléaires en exploitation par habitant ?

Pour l'Autorité de sûreté nucléaire (ASN), qui est chargée par l'État de s'assurer du bon fonctionnement des centrales nucléaires dans des conditions optimales de sûreté, « le risque d'un accident nucléaire grave est maintenu à un très faible niveau de probabilité. Toutefois, ce risque ne doit pas être écarté ».

Même si l'accident nucléaire est peu probable dans notre pays, l'ASN ne doit rien négliger. Le contrôle de nos centrales prend en compte les risques externes, comme les attaques terroristes, les catastrophes climatiques, les séismes ou encore la rupture d'un barrage, mais aussi les risques internes, comme un incendie ou un acte de malveillance d'un salarié.

Comme au Japon, c'est la fusion du cœur d'un des réacteurs qui est la plus redoutée. Surtout que certaines centrales sont situées sur des zones sismiques, comme la centrale de Fessenheim en Alsace ou celle du Tricastin dans la vallée du Rhône, ou en zone inondable, comme celle du Blayais en Gironde.

Pour limiter les dégâts en cas de catastrophe, les autorités ont renforcé ces installations de façon à ce qu'elles puissent résister aux séismes ou aux inondations, avec des bâtiments adaptés ou surélevés.

Malgré toutes ces précautions, le risque zéro n'existe pas, et, avec un parc nucléaire comme celui de la France, mieux vaut être préparé.

Comment savoir si j'habite dans une zone à risque nucléaire ?

Avec ses 19 centrales en fonctionnement, la France jouit d'un vaste parc nucléaire. Au total, ces centrales regroupent pas moins de 58 réacteurs, qui représentent chacun un danger potentiel. Les centrales et leurs réacteurs sont répartis sur l'ensemble du territoire. On en trouve dans le Nord (Gravelines ; Paluel ; Chooz ou encore Penly), mais aussi dans l'Est (Fessenheim) ; dans l'Ouest (Blayais) ; au Centre (Belleville-sur-Loire, Civaux) et dans le Sud (Golfech ou Tricastin)...

En France, chaque installation nucléaire est pourvue d'une commission locale d'information (CLI). La CLI a pour missions d'informer la population sur les activités nucléaires et d'assurer un suivi permanent de leur impact.

Mais, malgré la surveillance accrue de ces centrales, les autorités devront établir une « zone d'exclusion » en cas de catastrophe nucléaire pour chacune d'entre elles.

La zone d'exclusion nucléaire est un territoire délimité autour de la centrale, qui doit être évacué si la protection de la population ne peut plus être assurée. Elle permet de déterminer quelle est la zone à évacuer en priorité et pour combien de temps celle-ci doit rester « morte ».

Selon les pays, cette zone peut varier. Par exemple, lors de la catastrophe de Fukushima, le gouvernement japonais a évacué les habitants dans un rayon de 20 km autour de la centrale, alors que les autorités américaines préconisaient une zone d'exclusion nucléaire de 80 km.

En France, il est difficile d'évaluer l'impact réel d'un accident nucléaire, mais il est facilement imaginable qu'une zone d'exclusion puisse atteindre les 30 à 80 km autour de la centrale. Cependant, ce sont les autorités qui déterminent l'étendue de la zone à évacuer en fonction de la gravité de l'événement.

Quelles sont les conséquences d'un accident nucléaire sur la santé ?

Une catastrophe nucléaire est l'accident le plus redouté. Il aurait un impact écologique et économique dramatique. Mais ce qui est le plus inquiétant, c'est que la santé de milliers d'hommes, de femmes et d'enfants peut être mise en danger à cause des matières radioactives qui peuvent se fixer sur les organes du corps humain et les affecter. Ces matières radioactives sont composées d'atomes instables qui émettent des radiations et perturbent le fonctionnement des cellules vivantes en se désintégrant.

La dangerosité de la radioactivité peut être immédiate ou se manifester des dizaines d'années plus tard.

Lorsque l'irradiation est très forte et que vous êtes en contact direct avec le produit radioactif, vous pouvez être confronté à des brûlures, développer des maladies graves ou bien, dans les cas les plus extrêmes, perdre la vie très rapidement.

Lors d'une irradiation moins élevée, qui concerne les habitants vivant à plusieurs kilomètres autour de la centrale, celle-ci peut entraîner des cancers, comme ceux de la thyroïde, du sein ou du sang (leucémie), mais aussi des malformations chez les nouveau-nés. Enfin, le risque de contamination pour les personnes vivant à des milliers de kilomètres fait débat au sein des spécialistes. Certains estiment que les risques sont quasi nuls, alors que d'autres pensent le contraire.

En revanche, ce qui est certain, c'est que les sols et les rivières peuvent devenir radioactifs et que la contamination peut se faire sur le long terme, en ingérant des produits alimentaires contaminés comme des fruits ou des légumes.

FICHE RÉFLEXE 13

Risque nucléaire

1. Comment réagir en cas de catastrophe nucléaire ?

L'échelle INES détermine la gravité d'un accident nucléaire. Elle est reconnue à l'international et s'étend du niveau 0, le plus faible, à 7, le plus élevé. C'est à partir du niveau 4 de cette échelle que les autorités parlent d'« accident » et peuvent prendre certaines mesures importantes. Le préfet peut déclencher le Plan particulier d'intervention (PPI), qui consiste a protéger les populations en cas de menace d'exposition. Il permet de définir les missions des différentes équipes d'intervention comme les services de la protection civile, les cellules mobiles d'intervention radiologique ou les forces de police... Étant donné que la radioactivité contamine l'atmosphère et l'environnement, les autorités peuvent stopper la circulation d'aliments susceptibles d'être radioactifs, l'abattage d'animaux destinés à la consommation, ainsi qu'interdire les récoltes agricoles dans une certaine zone autour de la centrale. L'Autorité de sûreté nucléaire recommande d'ailleurs de ne pas consommer fruits, légumes et produits laitiers frais. En cas d'accident nucléaire, il est également recommandé de :

- Rester confiné chez soi afin d'éviter que les particules radioactives n'entrent dans votre domicile en fermant les portes et les fenêtres, mais aussi en interrompant toute ventilation mécanique.
- Ne pas consommer l'eau du robinet si cette consigne est donnée par le préfet.
- Éviter les déplacements à l'extérieur, surtout en cas de pluie, car elle peut être contaminée.

Enfin, si les autorités vous demandent d'évacuer, obéissez. Cette décision est prise à partir du niveau 6 sur l'échelle de gravité. Des centres d'accueil seront mis en place pour accueillir les foyers concernés.

À SAVOIR :
Si vous étiez à l'extérieur au moment de la catastrophe nucléaire, par mesure de précaution, une fois à l'abri, vous devez :
– Enlever vos vêtements et les enfermer dans un sac en plastique.
– Prendre une douche en prenant soin de bien vous laver le corps et les cheveux.

2. Comprimés d'iode : pourquoi et comment les utiliser ?

Lors d'un accident nucléaire, de l'iode radioactif peut être libéré dans l'atmosphère. L'iode contaminé pénètre alors dans le corps lorsque l'on respire ou que l'on consomme des aliments radioactifs et se fixe sur les glandes thyroïdiennes.
La thyroïde accumule l'iode, jusqu'à saturation. Cette irradiation prolongée augmente alors considérablement le risque de développer des cancers ou des affections graves.
Pour lutter contre ce phénomène, il est recommandé de prendre des comprimés d'iode non radioactif. Le principe est simple : en prenant ces comprimés, vous saturez votre thyroïde avec de l'iode non contaminé et vous diminuez l'absorption d'iode radioactif.
Les autorités disposent d'importants stocks de comprimés d'iode, qui peuvent être distribués rapidement à la population. Prenez ces comprimés en guise de précaution, uniquement sur les recommandations des autorités, et prenez le bon dosage, qui varie en fonction de l'âge.

À SAVOIR :
– Un comprimé protège pendant 48 heures.
– Il est sans conséquence sur la santé, sauf en cas d'allergie à l'iode.
– Ces comprimés ne sont fabriqués que pour cet usage exclusif et par la pharmacie centrale des armées.

2

Attentats

Chapitre 9

Vivre avec le risque d'attentat

La menace terroriste.

Notre pays est menacé. Depuis maintenant un peu plus d'un an, le spectre d'un nouvel attentat meurtrier plane quotidiennement sur la France et ses citoyens. Nous redécouvrons avec horreur ce qu'est le terrorisme. Incarné par l'État islamique, Al-Qaïda et leurs réseaux affiliés, il est aujourd'hui porté dans le monde entier à un niveau inédit, et principalement sur notre territoire.

Le terrorisme n'est pourtant pas nouveau. Ce concept barbare, aux origines complexes, nous a déjà frappés une vingtaine de fois dans le passé.

Rappelons-nous le 9 août 1982, l'attentat de la rue des Rosiers à Paris, qui a coûté la vie à 6 personnes. Cette tragédie a été suivie d'une dizaine d'attaques entre février 1985 et septembre 1986 qui feront, au total, 13 morts et près de 300 blessés.

Le 25 juillet 1995 marquera également l'esprit des Français, avec l'explosion d'une bombe artisanale dans la station de métro Saint-Michel, en plein cœur de Paris. Le bilan s'élève à 8 morts et une centaine de blessés.

Évoquons aussi mars 2012, avec Mohamed Merah, qui tuera de sang-froid 8 personnes, dont 3 militaires, des enfants et un professeur d'une école juive de Toulouse.

Si les attentats ne sont pas un phénomène récent en France, le mode opératoire, les revendications et l'ennemi ont bien changé. Depuis 2015, les Français le découvrent.

La France, ses citoyens et ses intérêts sont devenus la cible d'un terrorisme international aussi bien à l'intérieur de ses frontières qu'à l'extérieur.

À situations exceptionnelles, mesures exceptionnelles.

Le terrorisme est clairement défini par les autorités dans le « Livre blanc sur la défense et la sécurité nationale » comme un mode d'action auquel ont recours des adversaires qui s'affranchissent des règles de guerre conventionnelle pour atteindre leurs objectifs politiques ou religieux.

Le terrorisme s'apparente donc à des attaques guerrières complexes, et en pleine évolution. Les attaques visent aujourd'hui aussi bien les forces de l'ordre que les civils. Nous devons faire face à des attaques suicides de kamikazes, à des bombes ou à des fusillades de grande ampleur. Le terrorisme est d'ailleurs devenu le premier problème de sécurité du XXIe siècle pour les États.

En 2015, les attentats contre le journal satirique *Charlie Hebdo*, l'Hyper Cacher, puis les attaques du 13 novembre et celle du 14 juillet 2016 à Nice, ont montré à quel point il était désormais essentiel d'adapter notre comportement pour vivre avec cette menace qui peut frapper n'importe qui, n'importe où et n'importe quand. Aller à un concert, à un match de football, prendre un verre en terrasse avec des amis ou se rendre à une fête nationale sont aujourd'hui des situations potentiellement risquées, qu'il ne faut pas pour autant éviter, mais dont il faut anticiper les dangers.

L'état d'urgence

Le gouvernement a promulgué l'état d'urgence lors d'un Conseil des ministres et renforcé la sécurité sur tout le territoire au lendemain des attaques au Stade de France à Saint-Denis et à Paris.

Pour mémoire, l'état d'urgence a été créé pour faire face aux événements liés à la guerre d'Algérie. Il a ensuite été appliqué trois fois en outre-mer, puis en 2005, lors des émeutes dans les banlieues.

Son effet : il permet de faire face à des situations spéciales en renforçant les pouvoirs des autorités civiles et en limitant certaines libertés publiques ou individuelles pour des personnes soupçonnées d'être une menace pour la sécurité publique.

Le plan Vigipirate

En plus de l'état d'urgence et des mesures qui l'accompagnent, le plan Vigipirate, créé en 1978, a été élevé à son plus haut niveau, entraînant des changements au quotidien dans nos vies. Croiser des patrouilles de militaires armés dans les rues ou dans les gares est fréquent. Ouvrir son sac à l'entrée de chaque magasin est devenu une habitude. Des policiers armés montent la garde devant les écoles lors de la rentrée des classes. Toutes ces mesures sont liées au niveau maximal du plan Vigipirate, rouge « Alerte Attentat ».

Son effet :

– Assurer en permanence la protection des citoyens, du territoire et des intérêts de la France contre la menace terroriste.

– Développer et maintenir une culture de vigilance de l'ensemble des acteurs de la Nation, afin de prévenir et de déceler toute menace d'action terroriste.

– Permettre une réaction rapide et coordonnée en cas de menace caractérisée ou d'action terroriste.

Le plan Vigipirate est composé d'un socle d'environ 300 mesures et de mesures additionnelles concernant, par exemple, les transports ou la santé.

La protection des Français est devenue une priorité. Toutes les ressources et tous les services sont mobilisés depuis que le plan Vigipirate a été élevé et renforcé à son plus haut niveau. Ce sont plus de 10 000 militaires qui sont déployés sur le territoire en plus des effectifs de police et de gendarmerie.

Plan de catastrophe

De nombreux plans de secours (Orsec) sont également anticipés pour prendre en charge les éventuelles victimes du terrorisme. Face à la menace grandissante, les secouristes sont formés aux soins à apporter en cas de blessures de guerre.

Des sous-volets de ce plan sont spécifiques à certains types de menaces, qu'elles soient chimiques, biologiques ou même nucléaires. Ces plans pour les risques nucléaires, radiologiques, biologiques et chimiques (NRBC) sont nommés « piratox » pour les menaces d'ordre chimique, « biotox » quand il s'agit de menace biologique et « piratome » en cas de menace nucléaire.

Depuis les attaques de janvier et novembre 2015 à Paris, mais aussi depuis l'attentat de Nice, les secouristes et le personnel soignant font preuve d'une mobilisation sans faille. Pour mémoire, en novembre 2015, en plein débat autour de la loi santé, plusieurs associations de médecins et de soignants étaient en grève. Mais, face à l'horreur, le professionnalisme a immédiatement repris le dessus. La priorité immédiate était celle des secours. L'Union des chirurgiens de France (UCDF), mais aussi le Syndicat national des anesthésistes réanimateurs de France (Snarf), ont aussitôt envoyé un message aux médecins en grève afin de cesser immédiatement le mouvement. Il en fut de même de la part de la Fédération de l'hospitalisation privée (FHP).

Ce soir du 13 novembre, l'ensemble des syndicats (CSMF, FMF, BLOC, MG France, SML), mais aussi l'Union française pour une médecine libre (UFML), ont arrêté les actions en cours pour proposer leur concours dans la prise en charge des victimes.

À Paris comme à Nice, lors des événements tragiques, des renforts spontanés ont été constatés, notamment à l'Assistance Publique-Hôpitaux de Paris. Des dizaines de médecins, de chirurgiens, d'urgentistes, de réanimateurs, d'infirmières et de brancardiers se sont d'eux-mêmes manifestés dans les hôpitaux qui ont pris en charge les victimes. Tous ont revêtu leur blouse blanche, au beau milieu de la nuit, et l'ont parfois gardée plusieurs jours d'affilée, par solidarité et professionnalisme.

Le Syndicat des médecins de Paris a précisé que près du tiers des 9 000 médecins libéraux parisiens exercent aussi des fonctions hospitalières à temps partiel et constituent une « ressource importante qui s'est spontanément mobilisée ».

Si le but du terrorisme est bien de diviser et de semer la terreur, il a aussi rassemblé, dans la douleur, l'ensemble de la profession pour venir en aide aux centaines de victimes des attaques du Stade de France, des terrasses de cafés parisiens, du Bataclan et de la promenade des Anglais à Nice le 14 juillet 2016.

Au-delà de la solidarité de l'ensemble des citoyens français et de ceux qui nous protègent, la guerre contre le terrorisme a modifié notre quotidien. Encore traumatisés par les attaques barbares qui ont eu lieu sur le territoire, certains d'entre nous ont changé, consciemment ou inconsciemment, leur mode de vie, hésitant par exemple à se rendre dans les salles de spectacle ou à aller au restaurant.

Il faut intégrer le fait que la menace terroriste est aujourd'hui présente partout et ne frappe pas uniquement la capitale. Le mardi 28 juillet 2016, une prise d'otages a lieu en pleine messe, à l'église de Saint-Étienne-du-Rouvray, une ville d'à peine 30 000 habitants, située en Seine-Maritime. Deux hommes armés ont séquestré un prêtre, trois religieuses et deux fidèles, puis les terroristes ont égorgé le père Jacques Hamel, âgé de 84 ans.

Aujourd'hui, tous les lieux publics sont devenus des cibles potentielles pour les terroristes. La tour Eiffel, le quartier d'affaires de La Défense, le port de Marseille, le Musée européen de Lille, mais aussi les écoles, les centres commerciaux, les salles de spectacle, les transports en commun, les lieux touristiques, les lieux de culte ou les aéroports,...

De nombreux événements populaires, comme des festivals ou bien la grande braderie de Lille, ont été annulés, par mesure de précaution.

Vivre avec le risque terroriste, c'est donc prendre de telles mesures, mais aussi savoir identifier le danger sans pour autant s'empêcher de vivre normalement. Malheureusement, les temps ont changé, et nous devons intégrer cette menace.

Malgré ces mesures collectives de sécurité et le renforcement de la lutte antiterroriste à l'échelle nationale et internationale, chacun, individuellement, se doit d'être prêt, d'apprendre à se protéger, soi et ses proches, mais également à secourir dans un esprit de solidarité nécessaire et bien exprimé lors des dernières attaques.

Apprendre à vivre avec cette menace, c'est assimiler les bons réflexes, pour gérer le stress et les angoisses et vaquer à nos occupations sans rester cloîtré à domicile. La peur n'évite pas le danger.

Terrorisme et comportements individuels.

Quelques règles simples sont à adopter sans tomber dans une peur permanente et paralysante.

Se former pour réagir

Dès les attentats de Paris et Saint-Denis, le 13 novembre 2015, un certain nombre de mesures ont été prises pour assurer la sécurité des Français.

Le gouvernement a immédiatement mobilisé des milliers de policiers, des militaires, des sapeurs-pompiers, des secouristes et du personnel des associations de sécurité civile. S'en est suivie quelques semaines plus tard une grande campagne de sensibilisation au risque terroriste pour savoir « quoi faire » en cas d'attaque.

Vous avez sûrement déjà vu cette affiche intitulée « Réagir en cas d'attaque terroriste ». Elle a été largement diffusée dans les médias, sur Internet, et placardée dans les lieux publics ; elle donne des instructions pratiques qui s'articulent autour du triptyque : « s'échapper, se cacher, alerter ».

Mais cette grande campagne de sensibilisation ne s'arrête pas là. Elle a mis à disposition de multiples guides pratiques à destination des établissements de santé, des centres commerciaux, des établissements culturels, des salles de spectacle, des organisateurs de festival, mais aussi des chefs d'établissement scolaire.

Tous commencent d'ailleurs par la même introduction :

« La société française doit se préparer à se protéger face à la menace terroriste. [...] Une bonne organisation préalable, de même qu'une réaction adaptée, peuvent permettre de mieux se protéger et de sauver des vies. »

Quelques bons réflexes, une bonne préparation et la gestion du stress peuvent vous sauver la vie ou vous permettre de sauver celles des autres.

> Tous les guides pratiques sont téléchargeables sur le site : www.gouvernement.fr/reagir-attaque-terroriste

Suite aux attentats, une prise de conscience collective a été largement observée. Les formations aux gestes qui sauvent, proposées par la Croix-Rouge française, la Protection civile, le SAMU ou encore les sapeurs-pompiers, ont été très demandées. L'objectif est simple : « apprendre à sauver ».

Cette prise de conscience est primordiale lorsque l'on sait que seulement 15 % des Français connaissent les gestes d'urgence, bien loin des taux de 80 à 90 % de la population dans les pays scandinaves.

À Paris, quatre mois après les attentats, pas moins de 3 500 personnes se sont inscrites à ces formations lors d'une journée spéciale baptisée « samedi qui sauve »[1].

Partout en France, des sessions de formation sont organisées depuis les attentats. Pour s'inscrire, vous pouvez par exemple, vous rendre sur le site Internet de la préfecture du département dans lequel vous vivez.

Comment se déroulent ces formations ?

Le programme mis en place lors de l'initiation aux gestes de premiers secours dure seulement 2 heures. Il comprend les actions à conduire lors d'une situation d'exception qui engendre de nombreuses victimes, comme un attentat, mais aussi les actions à conduire dans une situation du quotidien.

1. http://www.paris.fr/samediquisauve

POUR ALLER PLUS LOIN : DEVENEZ SECOURISTE

Il existe plusieurs formations pour devenir secouriste, dont voici quelques exemples :

– L'attestation prévention et secours civiques de niveau 1 (PSC1) est la formation de base aux premiers secours en France ; elle dure 7 heures.

– Les premiers secours en équipe (PSE) niveau 1 : 1 h 35 pour maîtriser les gestes et techniques de réanimation avec matériel seul ou en binôme.

– PSE 2 : 35 heures en plus pour devenir « équipier secouriste » et travailler au sein d'une équipe.

– Chef d'intervention (CI) : 46 heures, pour savoir manager une équipe de secours, transmettre un bilan et être prêt à affronter tout type d'interventions.

Quelques règles nouvelles

Règle n° 1 : Verbaliser ses émotions.

Parlez, ne restez pas seul et exprimez votre ressenti pour atténuer l'angoisse. Les répercussions psychologiques peuvent apparaître immédiatement après le choc ou plusieurs jours plus tard.

Si vous avez été touché directement par ces drames, que vous soyez victime, témoin ou proche d'une victime, vous pouvez être pris en charge par les cellules d'urgence médico-psychologiques (CUMP) mises en place par le préfet de police, en lien avec le SAMU. En revanche, si vous vous sentez affecté par les attentats, sans avoir été touché de près, mais que vous vous sentez mal, prenez contact avec votre médecin traitant qui pourra vous orienter vers un psychiatre.

Règle n° 2 : Apprendre les numéros d'urgence et savoir les utiliser.

Il est important de connaître les numéros mis à votre disposition en cas d'urgence, surtout qu'il en existe plusieurs. Petit rappel des numéros que vous devez apprendre par cœur pour ne pas perdre vos moyens le jour où vous devrez être réactif face à une situation d'urgence :

En composant le 17, vous appelez la police.

En composant le 18, vous appelez les sapeurs-pompiers.

En composant le 15, vous appelez le SAMU.

En composant le 112, vous appelez les urgences où que vous soyez en Europe et depuis n'importe quel téléphone, même ceux verrouillés par un code d'accès.

Le 114 est le numéro d'urgence dédié aux malentendants avec une communication via SMS.

Les numéros spéciaux :

Le 197 : ce numéro d'urgence est dédié aux alertes d'enlèvements et d'attentats.

Il est accessible gratuitement depuis un téléphone fixe ou un portable. Il est uniquement destiné à recevoir des renseignements susceptibles de contribuer à une enquête et à l'identification d'un suspect. Chaque appel est traité par des opérateurs issus des services de la police judiciaire et donne lieu à une fiche informatique, aussitôt transmise aux enquêteurs.

Le 3117 : en réponse aux attentats terroristes, la SNCF a mis en place ce numéro pour que ses usagers puissent alerter les secours par téléphone (ou par SMS au 31177). Ce numéro est gratuit et disponible 24 h/24 et 7 j/7.

> Préenregistrez ces différents numéros dans votre téléphone pour vous rassurer ; affichez-les à votre domicile ou sur votre lieu de travail.

Règle n° 3 : Être vigilant au quotidien.

Que vous alliez dans un théâtre, un cinéma, un centre commercial ou n'importe quel lieu public, prenez l'habitude de repérer les issues de secours. Elles donnent généralement sur l'extérieur du bâtiment et permettent une évacuation rapide en cas d'urgence. Elles sont signalées par des panneaux règlementés qui doivent être visibles. On doit y retrouver le pictogramme d'évacuation (une silhouette qui court vers une porte), ainsi qu'une flèche qui indique la direction exacte à prendre pour évacuer.

Évitez de vous rendre à des événements qui n'ont pas été autorisés. Les rassemblements sont des cibles faciles et peuvent en cas d'attaque ou de mouvement de foule faire de nombreuses victimes. Ayez à l'esprit que les forces de l'ordre et les secours ne peuvent assurer la sécurité de tous les événements à la fois.

Évitez également de vous installer près de baies vitrées qui peuvent vous blesser en cas d'explosion. Les éclats de verre engendrent des blessures redoutables. Au restaurant, gardez en mémoire que des sorties se trouvent aussi du côté des cuisines. Enfin, toutes ces recommandations doivent vous inciter à être vigilant sans pour autant vous empêcher de sortir dans les bars et les restaurants. Dites-vous que le but des terroristes est de semer la terreur : résister, c'est aussi ne pas céder et ne pas changer de mode de vie. Après les attentats de Paris, plusieurs mouvements ont été relayé sur les réseaux sociaux avec des hashtags comme #JeSuisEnTerrasse ou encore #TousAuResto afin d'inciter les gens à sortir de chez eux et à reprendre une vie normale, malgré le choc des événements.

Règle n° 4 : Savoir identifier les dangers.

Vous devez apprendre à repérer les attitudes suspectes. Si une personne vous semble avoir un comportement étrange ou inapproprié, agissez en la signalant. Tous les renseignements sont bons à prendre. Des actes de malveillance ont déjà été déjoués grâce à cette attitude citoyenne. Les citoyens sont même encouragés à adopter ce réflexe, notamment dans les transports en commun. La SNCF a précisé que « la moindre information, comme un individu qui transporte un bagage à la forme inhabituelle ou qui a un comportement étrange, doit être signalée ».

Il en va de même pour les colis suspects ou les sacs abandonnés. Si vous trouvez ce genre de paquet, posez des questions autour de vous afin de voir si un propriétaire se manifeste ; sinon, donnez l'alerte sans toucher au colis et éloignez-vous de lui.

Ne vous séparez pas de vos affaires personnelles, étiquetez-les et regardez sous votre siège et alentours en cas d'objet suspect.

Règles n° 5 : Se préparer physiquement et psychologiquement.

Après les attentats, les Français ont été nombreux à vouloir se former aux premiers secours à travers les actions et journées de formation proposées sur l'ensemble du territoire. Un autre phénomène a été également observé et rapporté dans les médias : les inscriptions aux cours d'autodéfense ont bondi quelques jours après les attentats du 13-Novembre. La discipline du krav-maga, qui est un sport de combat rapproché, inventé par l'armée israélienne, a suscité un grand intérêt auprès des citoyens, désireux d'apprendre à se défendre et à maîtriser les bons reflexes en cas d'attaque terroriste.

Garder la forme et apprendre certains gestes de secours et/ou de défense pourra de toute façon vous être utile dans un grand nombre de situation et vous permettra d'acquérir une plus grande confiance en vous, utile au quotidien.

Règle n° 6 : Faciliter le travail des autorités.

Ne relayez pas des informations non vérifiées sur les réseaux sociaux à propos d'une éventuelle attaque en cours. Vous risquez de provoquer des mouvements de panique. Soyez vigilant sur la source de la rumeur et fiez-vous aux comptes officiels du gouvernement, des préfectures de police ou de médias réputés.

N'encombrez pas inutilement le réseau téléphonique.

En revanche, respectez les consignes officielles, notamment de ne pas vous rendre dans une zone non sécurisée. Les réseaux sociaux comme Twitter ont aussi leur intérêt dans ces situations grâce à la vitesse de propagation des informations, permettant une mise à l'abri puis une solidarité (#portesouvertes) pour accueillir les rescapés ou proposer de l'aide, du matériel... Le meilleur, c'est aussi la réaction de Facebook, qui a lancé son « Safety check », qui permet aux victimes éventuelles de signaler à leurs proches qu'elles vont bien.

Règle n° 7 : Anticiper aussi à l'étranger.

Certains pays sont considérés comme risqués pour les ressortissants français. Il est donc fortement recommandé par les autorités de consulter la page « Conseils aux voyageurs » sur le site du ministère des Affaires étrangères[1] avant de partir et de s'inscrire sur le portail « Ariane » pour être informé de tout événement important concernant la sécurité. Véritable « fil de sécurité », Ariane permet, lorsque vous effectuez un voyage ou une mission ponctuelle, de vous signaler gratuitement et facilement auprès du ministère des Affaires étrangères et du Développement international[2].

Règle n° 8 : Agir contre la menace terroriste

Vous pouvez agir contre la menace terroriste en vous rendant sur le site www.stop-djihadisme.gouv.fr ou en appelant le numéro vert 0 800 00 56 96 pour signaler une situation préoccupante et alerter les autorités.

1. http://www.diplomatie.gouv.fr
2. https://pastel.diplomatie.gouv.fr/fildariane/dyn/public/login.html

LES APPLICATIONS À TÉLÉCHARGER DANS SON SMARTPHONE :

– Application « SAIP » : lancée par le gouvernement à la suite des attentats de janvier et novembre 2015, cette application gratuite permet d'être alerté lors d'événements exceptionnels, comme un attentat. L'alerte s'active dès lors que vous vous situez ou entrez dans une zone à risque. Les alertes apparaissent sous forme de notification et peuvent être accompagnées d'un son de sirène afin d'attirer instantanément votre attention. Lorsque vous cliquez sur la notification ou si vous ouvrez l'application, vous prendrez directement connaissance du message d'alerte délivré et des consignes de sécurité qu'il faudra appliquer. Cette application est disponible en français et en anglais.
– Application « Croix-Rouge » : surnommée « L'appli qui sauve », cette application pour smartphone est gratuite et permet de s'initier ou de rafraîchir ses connaissances sur les gestes qui sauvent, mais aussi de mieux se préparer aux catastrophes.
– Application « Staying Alive » : cette application est gratuite et disponible en 17 langues. Elle permet de géolocaliser les défibrillateurs les plus proches de vous dans le monde entier. Elle est également équipée d'un guide pratique d'utilisation d'un défibrillateur automatique externe (DAE) et d'un mode « urgence » pour vous aider à réaliser les bons gestes dans le bon ordre si vous êtes confronté à un arrêt cardiaque.

Chapitre 10

Comment réagir en cas d'attaque ?

S'échapper, se cacher et alerter

Après les attentats de Paris, le gouvernement a mis en place une grande campagne d'information sur les réflexes à adopter en cas d'attaque terroriste.

Le gouvernement a pleinement pris conscience de l'importance de préparer les citoyens à faire face à de nouvelles attaques, la prévention étant le meilleur moyen de sauver des vies. À Matignon, lors du lancement de cette campagne, le 4 décembre 2015, on souligne même qu'il faut développer une « une culture des gestes qui sauvent et de solidarité » à partir du moment où l'on change d'époque et qu'il faut continuer à vivre avec une menace qui perdure.

Alors, quels sont ces gestes qui peuvent nous sauver la vie en cas d'attaque terroriste ?

Matignon et le Service d'information du gouvernement ont élaboré une affiche, inspirée de la signalétique des consignes de sécurité présentes à bord des avions.

Elle détaille les trois grandes catégories de conseils qu'il faut mettre en œuvre en attendant l'arrivée des forces de l'ordre et des secours et s'articule autour du triptyque « s'échapper/se cacher/alerter ».

D'autres outils de prévention ont également été mis à disposition du public, comme une vidéo, de 2 min 40, diffusée sur Internet[1].

Des déclinaisons par secteurs d'activité sont également disponibles à cette adresse, notamment :

– Pour les équipes de direction (et les personnels) des établissement de santé, sociaux et médico-sociaux ;
– Pour les équipes de direction et les personnels des centres commerciaux ou espaces commerciaux ;
– Pour les dirigeants des établissements culturels patrimoniaux ;
– Pour les organisateurs des festivals et rassemblements culturels ;
– Pour les maires et les présidents d'intercommunalité ;
– Pour les chefs d'établissement, les inspecteurs de l'Éducation nationale et les directeurs d'école ;
– Pour les présidents d'université, directeurs d'établissement d'enseignement supérieur et référents de défense et sécurité.

1. S'échapper

Il s'agit du premier réflexe à avoir. Il est indispensable d'identifier le danger pour vous en éloigner au maximum et le plus rapidement possible. Attention, ne vous exposez pas en fuyant, protégez-vous pour sortir de la zone de danger. Si possible, aidez les autres personnes à s'échapper et alertez les personnes autour de vous pour les dissuader de pénétrer dans cette zone.

1. www.gouvernement.fr/reagir-attaque-terroriste ou www.encasdattaque.gouv.fr

2. Se cacher

Si la fuite est impossible, cachez-vous. Enfermez-vous dans une pièce, ou barricadez-vous avec des meubles ou objets lourds. Il est également recommandé d'éteindre toutes les lumières et de couper le son de tous les appareils susceptibles de faire du bruit et d'attirer l'attention des terroristes. Allongez-vous au sol et éloignez-vous des portes ou des fenêtres, en rampant s'il le faut, et abritez-vous derrière un obstacle solide, comme un mur ou un pilier.

Attention ! N'oubliez pas de couper le son et le vibreur de votre téléphone portable.

3. Alerter

Dès que vous êtes en sécurité, appelez les forces de l'ordre en composant le 17 ou le 112 et obéissez-leur. Au téléphone, tentez de garder votre calme. Ne paniquez pas et donnez des renseignements précis. Si vous le pouvez, donnez le lieu exact de l'attaque, le nombre d'assaillants, le type d'arme utilisé et le nombre estimé de victimes.

Si vous êtes en sécurité, aidez les blessés en réalisant les gestes d'urgence.

> À l'arrivée des secours et des forces de l'ordre, ne vous précipitez pas en courant vers eux.
> Gardez les mains levées, bien ouvertes, et ne faites aucun geste brusque.

L'instinct de survie.

Face à une attaque terroriste, chaque personne peut réagir différemment. Il y a ceux qui vont fuir, ceux qui vont se battre ou ceux qui peuvent être tétanisés.

C'est la peur et le stress qui vont déterminer quelle va être notre réaction, sans pour autant qu'on en soit maître.

À QUOI SERT LE STRESS ?

Vous aurez sans doute remarqué que le stress vous met dans un état particulier : votre attention augmente, votre cœur et votre respiration s'accélèrent, vos vaisseaux se dilatent... Toutes ces réactions en chaîne ne sont pas le fruit du hasard.
En réalité, le stress est un état qui vous permet de réagir face à la pression ou à un choc. Sans lui, il vous serait impossible de réagir. Il vous donne de la force et de l'adrénaline pour vous battre, ou fuir en cas de danger. Le stress vous permet donc de mobiliser l'ensemble de vos ressources et de stimuler votre pensée.

Prenons l'exemple des héros du Thalys. Le 21 août 2015, dans le train qui relie Amsterdam à Paris et qui transporte alors 554 passagers, un Français de 28 ans qui se rendait aux toilettes croise un homme torse nu et lourdement armé d'un fusil d'assaut. Il tente de l'immobiliser, mais l'homme réussit à lui échapper. C'est alors que le terroriste pénètre dans la voiture 12 pour commettre un carnage, mais son arme s'enraille. Alors qu'il tente de la recharger, deux amis présents dans le train, Alek Skarlatos et Spencer Stone, deux militaires américains, décident d'intervenir. Ils s'élancent vers le terroriste pour le désarmer. Ils parviennent à le plaquer au sol, mais, dans la lutte, Spencer est blessé au bras et à la main. C'est à cet instant que les courageux amis sont rejoints par un passager britannique, Chris Norman, ainsi que par un conducteur SNCF qui n'était pas en service. À eux quatre, ils maîtrisent et ligotent le forcené.

Sans leur intervention courageuse, l'attaque aurait pu faire de nombreuses victimes.

Plus récemment, nous pouvons aussi parler de ces citoyens ordinaires sur la promenade des Anglais à Nice, le 14 juillet 2016 au soir, qui n'ont pas hésité à mettre leur vie en péril pour tenter de stopper le camion du terroriste lancé à toute vitesse sur la foule.

Parmi eux, le motard qui a tenté de stopper le tueur en jetant sa moto sous les roues du camion et le passant qui s'est accroché à la portière, avant d'être braqué par le terroriste.

Alors, qu'est-ce qui pousse ces personnes à réagir de la sorte, tandis que d'autres sont impuissantes ou fuient ?

En réalité, outre le courage qu'il faut avoir, c'est l'instinct qui prend le dessus sur la réflexion. À un certain niveau de stress, celui-ci peut faire basculer dans la lutte.

Quand la situation paraît sans issue et insupportable, l'adrénaline, provoquée par le stress, va donner la force à ces personnes d'agir, plutôt que de fuir. Elles peuvent agir de manière impulsive ou irréfléchie. À ce moment-là, ceux qui luttent sont capables de s'oublier, car c'est une réaction humaine de ne pas supporter l'insupportable, c'est pourquoi ils veulent lutter.

Mais, face à une attaque terroriste, nous sommes tous différents. Il ne faut pas culpabiliser de fuir, ou d'être tétanisé par la peur, c'est quelque chose de normal. Chacun réagit à sa façon lors de ces situations extrêmes. C'est ce qu'on peut appeler communément l'instinct de survie, une réaction totalement humaine, qui va nous permettre de sauver notre vie. Cela peut se manifester par la lutte, la panique, la fuite ou l'inhibition. C'est votre instinct qui prend le dessus.

Tout le monde ne peut pas faire un acte héroïque. Dans le Thalys, c'est un militaire américain qui a agi en premier. Son expérience personnelle – et sa formation – ont joué un rôle capital dans sa réaction face à l'attaque, car il était préparé et formé de façon à avoir une réaction quasi réflexe au cas où une situation de ce type se présenterait.

FICHE RÉFLEXE 14

Mouvement de foule et bousculade

1. Qu'est-ce qu'un mouvement de foule ?

Les rassemblements peuvent se faire à l'occasion d'un événement festif, sportif, culturel, religieux, politique ou spontané. Après les attentats, d'ailleurs, il n'est pas rare de voir des gens se rassembler pour se recueillir sur une place ou devant le lieu du drame.

La principale difficulté pour les autorités est d'assurer la protection d'un grand nombre de personnes rassemblées au même endroit. La crainte est de ne pas pouvoir canaliser l'ensemble des personnes en cas de mouvement de foule ou de panique.

La panique peut s'emparer de la foule lorsqu'un incident éclate, qu'une rumeur est lancée ou qu'un événement inhabituel se produit.

Pour limiter les risques de bousculade, parfois mortelle, lors de grands événements, des chercheurs du CNRS ont modélisé la dynamique d'une foule en déplacement, notamment à partir des catastrophes survenues en 2006 lors du pèlerinage de La Mecque (plus de 300 morts), en 2010 au cours de la Love Parade de Duisbourg en Allemagne (19 morts) ou en 1986, au stade du Heysel en Belgique. Le facteur-clé est celui de la densité[1]. La densité normale est inférieure à une personne par mètre carré et cette densité peut monter à deux ou trois personnes par mètre carré (concert, manifestation...) sans danger, mais, au-delà de cinq individus par mètre carré, la physique et la mécanique des fluides entrent en jeu, avec des phénomènes de transfert de force et des pressions entre chaque individu qui s'additionnent et créent des vagues de bousculade exponentielles. Ce mouvement chaotique comme une mer en pleine tempête devient indépendant de la volonté de chaque élément de la foule !

2. Quels sont les risques ?

Dans le contexte actuel, avec la menace terroriste qui pèse sur notre pays, les lieux publics et les rassemblements de foule sont des cibles privilégiées des terroristes, car le nombre de victimes potentielles est important.

1. CNRS, 18 avril 2011 – Proceedings of the National Academy of Sciences.

Ils génèrent de nombreux risques et compliquent l'accès et l'intervention des secours.
Des gens peuvent être écrasés, piétinés, et étouffés, en dehors de toute blessure directe par une attaque.

3. Que faire en cas de mouvement de foule ?

– Identifiez le danger sans paniquer.
– Une fois le danger identifié, tentez de vous en éloigner au maximum.
– Ne suivez pas forcément la foule, sauf si ce sont les consignes d'évacuation.
– Maintenez-vous autant que possible à l'écart de la cohue.
– Protégez-vous et mettez-vous à l'abri dès que possible.
– Dans un mouvement de foule, ne restez pas au centre, car vous pourriez vous faire piétiner. Essayez de rejoindre les côtés. Ne tentez pas de faire demi-tour et de remonter à contre-courant.
– Suivez les consignes des secouristes présents.

À SAVOIR : Pour les enfants

Si vous vous rendez, par obligation, à un événement avec des enfants en bas âge, il est indispensable de prendre certaines précautions au préalable.

– Si vous êtes plusieurs adultes, répartissez les responsabilités en désignant quels adultes sont responsables de quels enfants (surveillance). Si vous pouvez leur donner la main, faites-le pour ne pas perdre le contact.
– Demandez également à vos enfants de veiller les uns sur les autres et de vous prévenir s'ils voient, entendent ou constatent quelque chose d'anormal.
– Donnez un point de repère – et donc de rendez-vous – aux enfants si vous vous perdez. Vers l'âge de 7 ans, les enfants commencent à mieux évaluer les distances et à se repérer. En revanche, pour les plus petits, dites-leur de ne pas bouger de l'endroit où ils sont et de vous appeler s'ils ne vous voient pas.
– Habillez vos enfants avec des vêtements colorés pour les repérer de loin dès le premier coup d'œil. Enfin, n'oubliez pas de les équiper d'un bracelet d'identification ou d'une carte, sur lesquels vous pouvez mettre vos coordonnées.
– Apprenez dès leur plus jeune âge à vos enfants leur identité et leurs coordonnées (adresse, téléphone...).
– Dans tous les cas, rassurez-les en leur expliquant sereinement les choses.

FICHE RÉFLEXE 15

Blessure à l'arme blanche

Une arme blanche est une arme tranchante, perforante ou contondante ; un couteau, un poignard, un cutter ou encore une épée sont considérés comme des armes blanches. Celles-ci représentent la première cause de mort par homicide.

1. Quels types de blessures ?

Les armes blanches ont un côté plus ou moins coupant, que l'on appelle « fil », et un côté non tranchant appelé « talon » en médecine légale.
Ces armes provoquent des plaies en sectionnant les tissus. Ces blessures sont associées à des hémorragies externes, parfois très importantes, et des hémorragies internes.
La gravité d'une blessure par arme blanche dépend de nombreux facteurs, comme le nombre de plaies, leur siège, la forme et la longueur de l'arme. Au-delà de la surface de la blessure, il est en effet fondamental d'évaluer la profondeur de pénétration, particulièrement au niveau de zones anatomiques vitales comme le thorax ou le ventre.

2. Comment savoir si une plaie est grave ?

Une plaie est dite grave lorsqu'elle présente au moins l'un des caractères suivants :

- hémorragie associée ;
- mécanisme pénétrant : objet tranchant ou perforant, morsures, projectiles…
- localisation : thoracique, abdominale, oculaire ou proche d'un orifice naturel ;
- aspect : déchiqueté, écrasé…

Une plaie est simple lorsqu'il s'agit d'une petite coupure superficielle ou d'une éraflure saignant peu.
Toutes ces informations orientent la stratégie globale de prise en charge.

3. Comment réagir face à une plaie grave SANS hémorragie ?

– Ne retirez jamais le corps étranger (couteau par exemple) pour éviter toute aggravation de la lésion ou du saignement ; l'arme a fait des dégâts à l'aller, elle en fera au retrait.

– Installez en position d'attente et sans délai la victime :
  - assise en présence d'une plaie au thorax pour faciliter la respiration ;
  - allongée, jambes fléchies, en présence d'une plaie à l'abdomen pour relâcher les muscles de l'abdomen et diminuer la douleur ;
  - allongée, yeux fermés, en lui demandant de ne pas bouger la tête en présence d'une plaie à l'œil ;
  - allongée dans tous les autres cas.

– Protégez de la chaleur, du froid ou des intempéries.
– Appelez les secours et appliquer les consignes.
– Réconfortez la victime en lui parlant régulièrement et en lui expliquant ce qui se passe.
– Surveillez la victime.

À SAVOIR : Dégagement d'urgence
Dégager la victime si elle ne peut se soustraire d'elle-même à un danger réel, immédiat et non contrôlable.
Ce dégagement d'urgence doit rester exceptionnel et ne doit pas vous mettre en danger.
La technique est à adapter au terrain et aux capacités du sauveteur. Par exemple, tirer la victime sur le sol par les poignets ou les chevilles.

4. Comment réagir face à une plaie grave AVEC hémorragie ?

– Repérez l'hémorragie, si nécessaire en écartant les vêtements.
– Comprimez immédiatement l'endroit qui saigne (en vous protégeant avec des gants ou un linge propre).
– Allongez la victime.
– Faites alerter les secours, si un témoin est présent.
– En l'absence de témoin, ou en présence de plusieurs victimes, alertez les secours après avoir relayé la compression par :
  - un pansement compressif, dans la mesure du possible ;
  - la main de la victime elle-même, si un pansement compressif n'est pas réalisable.

– Assurez-vous que le sang ne coule plus, sans relâcher la compression ;
  - si le saignement se poursuit, le sauveteur reprend la compression manuelle, par-dessus l'éventuel pansement compressif.

– Rassurez la victime, en lui parlant régulièrement et en lui expliquant ce qui se passe.
– Protégez contre la chaleur, le froid ou les intempéries.
– Surveillez les signes d'aggravation circulatoire (sueurs abondantes, sensation de froid, pâleur intense).

5. Pansement compressif et garrot

Le pansement compressif

Recouvrez entièrement la plaie qui saigne avec une compresse ou un linge propre. La bande (foulard, cravate, ceinture…) qui maintient le tissu mis en place sur la plaie doit être assez longue pour faire au moins deux tours. Serrez suffisamment pour maintenir la pression mais pas trop. Il ne faut pas que l'extrémité du membre devienne violet ou froid. Ne retirez pas le pansement compressif qui est au contact de la plaie, même s'il est imbibé de sang, car vous risqueriez d'arracher les caillots en cours de formation et de relancer l'hémorragie.

Le garrot

Si vous n'êtes pas en sécurité, ou si la blessure saigne toujours abondamment, ou en cas de multiples victimes, faites un garrot à l'aide d'une cravate, d'une ceinture ou d'une écharpe.
Attention, un garrot très serré et laissé trop longtemps sur un membre (plus de deux heures) risque de provoquer une paralysie de ce membre. Après quatre à six heures, il existe même des risques importants de gangrène du membre et de troubles rénaux pouvant entraîner le décès de la victime. Le garrot doit donc être réservé à des situations exceptionnelles. Il peut être réalisé devant une hémorragie externe importante, quand tous les autres moyens ont échoué ou quand le secouriste doit avoir les mains libres pour pratiquer d'autres gestes d'urgence.
Le garrot doit être posé juste au-dessus de la plaie (entre la plaie et le cœur) : au-dessus du genou pour le membre inférieur et au-dessus du coude pour le membre supérieur.
Utilisez comme garrot un lien assez gros. Évitez d'utiliser comme garrot des cordelettes, du fil de fer, etc., qui sont susceptibles de couper la peau et même les muscles.
Le garrot le plus simple est le « garrot cravate ». Tout en comprimant l'artère (si possible), faites une boucle avec le lien et placez-la autour du membre. Enfilez les extrémités du lien dans la boucle, puis maintenez la traction

sur une des extrémités du lien. Passez l'autre extrémité autour du membre. Tendez le lien et nouez les deux extrémités.
Attention à serrer le garrot juste assez pour arrêter l'hémorragie, mais pas plus. Si la plaie continue de saigner malgré le garrot, c'est que celui-ci n'est pas assez serré.
Notez l'heure de pose du garrot et communiquez cette information aux secours quand ils arriveront sur place. Ne posez pas de vêtement ni de couverture sur le garrot, car, ainsi dissimulé, il risquerait de passer inaperçu et d'être retiré trop tard par les sauveteurs. Il ne pourra être desserré qu'à l'hôpital, par une équipe médicale.

À SAVOIR : Garrots tourniquets ou garrots tactiques
À situations exceptionnelles, matériel exceptionnel. Il existe des garrots tourniquets ou garrots tactiques, utilisés par les militaires. L'hémorragie est la première cause de mort évitable au combat. C'est donc un moyen extrêmement efficace pour arrêter un saignement avec un dispositif de serrage et de blocage. En attendant le bloc opératoire.

FICHE RÉFLEXE 16

Attaque à l'arme à feu

En France, les armes à feu sont soumises à une réglementation très stricte. Elles sont classées en quatre catégories en fonction de leur dangerosité, c'est-à-dire en fonction de la répétition du tir et du nombre de coups tirés.
En France, ces catégories d'armes correspondent à un régime administratif d'acquisition et de détention. Les armes de catégorie A, par exemple, correspondent à des armes et matériels de guerre, mais aussi à des armes chimiques ou incendiaires qui sont totalement interdites.
Selon les estimations, il y aurait 10 millions d'armes qui circulent en France. Les chiffres officiels, quant à eux, parlent de 3 millions d'armes.
Parmi les armes interdites et tristement célèbres, on retrouve le pistolet-mitrailleur kalachnikov. Ce fusil d'assaut est devenu l'arme favorite des braqueurs et des terroristes. C'est avec cette arme que des dizaines de personnes ont été tuées le soir du 13 novembre 2015 à Paris.

1. Pourquoi les terroristes utilisent des kalachnikovs ?

La kalachnikov est apparue pendant la guerre froide. Elle est aujourd'hui l'arme privilégiée des terroristes. Elle est légère, facile à transporter, à cacher, et peu coûteuse, mais surtout elle fait des ravages considérables avec ses tirs en rafale.
Contrairement aux armes de poing, les terroristes n'ont pas besoin de viser précisément. La kalachnikov est équipée d'un mécanisme automatique permettant de tirer jusqu'à 600 coups par minute.
Les balles de la kalachnikov font beaucoup de dégâts. Et pour cause, elles sont blindées, recouvertes de cuivre, et arrivent à haute vélocité, environ 2 000 km/h.

2. Quels sont les risques de blessures par balle ?

Lorsqu'une balle pénètre dans le corps, elle repousse les chairs qui entourent son trajet. Elle entraîne alors des lésions et des dégâts internes qui peuvent se révéler particulièrement graves si la balle touche des organes vitaux, des gros vaisseaux sanguins, des nerfs, des os ou des viscères.

Tout blessé par balle est considéré comme un blessé grave, même si vous estimez, à première vue, que le trajet de la balle ne semble pas avoir touché une structure importante.
Les projectiles et les éclats de balle peuvent aussi causer la perte de la victime ou aggraver la situation. Par exemple, lorsqu'une balle percute un os, elle le pulvérise et transforme chaque fragment détaché en projectile qui peut, à son tour, provoquer des lésions importantes.
Il existe également un risque infectieux. La balle peut faire pénétrer un grand nombre de germes dans l'organisme.

Particularités des tirs de kalachnikov :
La kalachnikov est une arme de guerre. Les lésions provoquées par les tirs de ce fusil d'assaut sont très importantes et souvent nombreuses à cause du tir en rafale. Les victimes ont peu de chances de survie, car les projectiles liés aux tirs explosent quand ils pénètrent dans le corps. Par exemple, une rafale de kalachnikov dans l'abdomen va engendrer de nombreuses hémorragies et entraîner le décès extrêmement rapidement, avant même l'arrivée à l'hôpital.
En revanche, suivant les zones du corps touchées et le nombre d'impacts de balles, des chances de survie sont possibles, notamment lorsque seuls les membres sont touchés, et à condition de faire les premiers gestes efficaces.
Les victimes prises en charge par les secours et qui saignent abondamment sont des urgences absolues ; le principe de prise en charge est celui du « damage control » issu de la médecine de guerre et que l'on peut traduire par « maîtrise des dégâts ». Il consiste à prendre en charge immédiatement ces traumatismes en prodiguant les soins minimum pour assurer la survie du patient en maîtrisant les hémorragies avant tout et sans perdre de temps pour diriger le patient vers un bloc opératoire.
Dans tous les cas, assurez votre sécurité, n'intervenez que si le danger est écarté.

3. Comment réagir une fois en sécurité ?

– Ne bougez pas la victime sauf pour assurer sa sécurité et lui donner des soins.

– Faites un bilan rapide des lésions vitales et agissez en fonction de celles-ci.

– Vérifiez si la victime est encore en vie en lui posant une question simple comme « Est-ce que vous m'entendez ? » et en lui donnant un ordre simple comme « Serrez ma main ». Si la victime ne répond pas et ne réagit pas, vérifiez sa respiration en regardant si la cage thoracique se gonfle et en essayant de sentir son souffle.

– Alertez au plus vite les secours en appelant le 15, le 18 ou le 112.

– En cas d'hémorragie, arrêtez le saignement (voir la fiche réflexe : Plaie avec hémorragie).

– S'il y a présence de troubles respiratoires :

- libérez les voies aériennes de la victime : desserrez col-cravate-ceinture, basculez prudemment la tête en arrière pour ouvrir la bouche, évacuez au doigt (si possible avec des gants) les débris accessibles qui obstruent de façon évidente la bouche en cas de traumatisme facial ;
- respectez la position spontanée de confort respiratoire du blessé, comme la position 1/2 assise, penché en avant, et ne jamais l'allonger à plat dos ;
- mettez la victime en position latérale de sécurité (PLS), c'est-à-dire tournée sur le côté, si elle est inconsciente ;
- surélevez ses jambes si la perte de sang est abondante.

4. Les techniques des militaires de sauvetage au combat[1]

« Sauve qui sait ! », telle est la devise du Centre d'instruction santé de l'armée de terre (Cisat). Les militaires sont formés au sauvetage au combat depuis février 2009. Son principe est un geste approprié plutôt qu'une technique complexe. Ces gestes peuvent vous être utiles, notamment en cas de sauvetage en situation exceptionnelle, avec un danger potentiel persistant.

Voici une adaptation des techniques militaires préconisées et permettant à tout militaire, quel que soit son niveau d'emploi, de concourir à la mise en condition de survie d'un blessé de guerre, sans délai et jusqu'à la prise en charge par une unité médicale.

Attention, en situation « civile », évaluez les risques et ne mettez pas votre propre vie en danger.

Le blessé doit savoir se mettre à l'abri et mettre en œuvre lui-même les moyens de contrôler ses hémorragies.

1. Service de santé des armées, école du Val-de-Grâce. Enseignement du sauvetage au combat (SC) (http://citerahiadesgenettes.hautetfort.com/media/01/01/203231384.2.pdf).

Le garrot tactique : c'est le geste salvateur à pratiquer à cet instant, pour arrêter le plus précocement possible une hémorragie externe. Il est réalisé par le blessé lui-même ou par tout acteur présent. Si l'hémorragie n'est pas accessible au garrot, un pansement compressif ou hémostatique doit être appliqué, sous couvert d'une compression manuelle directe pendant sa pose.

FICHE RÉFLEXE 17

Explosions

Les attaques aux engins explosifs constituent une véritable menace pour la population. Si les kamikazes du 13 novembre étaient armés de kalachnikovs, ils étaient également équipés de ceintures d'explosifs.
À l'aéroport de Bruxelles, deux bombes ont explosé lors d'un attentat-suicide, faisant 32 morts et plus de 300 blessés.
En France, la menace est prise très au sérieux. Une bombe qui explose dans un lieu touristique et fréquenté par la foule pourrait causer de nombreuses victimes et créer un mouvement de panique terrible.
Des engins explosifs peuvent être déposés dans des voitures piégées ou bien dissimulés sous les vêtements d'un kamikaze prêt à se faire exploser pour faire un maximum de victimes.
Dans le cas des attaques-suicides du Stade de France, les gilets d'explosifs étaient tous constitués de TATP (triacetone triperoxide), un explosif primaire très volatil, de piles, d'un détonateur et de boulons qui ont été ajoutés pour intensifier les dégâts et le nombre de victimes.
Ce type d'engin peut causer de nombreuses blessures graves.

1. Quels sont les risques ?

L'explosion d'une bombe provoque une brusque libération d'énergie, créant à la fois une élévation de la température et une augmentation rapide de la pression environnante – c'est ce qu'on appelle l'onde de choc ou blast.
La proximité de la victime par rapport au lieu de l'explosion joue un rôle primordial dans son pronostic vital, de même que le milieu ambiant dans lequel a lieu l'explosion. Par exemple, le risque de mortalité des gens se tenant debout face à l'épicentre sera plus élevée que celle d'un individu couché au sol.
Dans l'air, la vitesse de propagation de l'onde de choc est de 365 m/s, avec un amortissement de cette onde au bout de 200 à 300 m. Dans l'eau, sa vitesse est de 1 600 m/s et elle s'amortit au bout de 300 à 1 500 m. Le rayon létal, mortel, de ce blast liquidien est 3 fois supérieur à celui d'un blast aérien.

Les atteintes sur l'organisme comprennent les effets liés directement au traumatisme provoqué par l'onde de choc (lésions de blast dites primaires), les secondaires, provoqués par la projection de débris divers (polycriblage), et les tertiaires, dus à la projection même de la victime par le souffle de l'explosion :

– Des déchirures et des hémorragies sévères, provoquées par la variation brutale de la pression qui va toucher principalement les organes « creux » comme les poumons, les oreilles, le larynx ou les intestins, mais aussi les organes pleins de sang comme le foie, la rate ou les reins, qui peuvent se déchirer.

– Des lésions cérébrales.

– Des lésions auditives (la lésion du tympan confirme que le blessé a été atteint par l'onde de choc ; la perforation des tympans survient dans 85 % des cas).

– Des lésions de l'œil, qui se manifestent par des troubles visuels, des irritations ou des hémorragies.

– Des lésions de polycriblage (fractures, lésions vasculo-nerveuses, brûlures...), causées par l'explosion de vitres ou bien le contenu de la bombe (bris de verre, clous, billes ou boulons...).

À SAVOIR :
Le blessé peut ne pas présenter de blessures extérieures, mais son état peut être grave à cause de lésions internes, immédiates ou dans un second temps.

2. Comment réagir au moment de l'explosion ?

– Éloignez-vous des fenêtres et essayez de vous réfugier sous un siège, une table.

– Mettez-vous à terre et recroquevillez-vous afin de protéger au mieux votre tête et vos organes vitaux.

– Restez dans cette position quelques instants dans l'éventualité d'une autre explosion.

– Avant de vous relever, vérifiez que vous n'êtes pas blessé, puis quittez les lieux le plus rapidement possible

– Appelez les secours et venez en aide aux victimes si vous êtes en sécurité.

3. Comment soigner les blessures liées à une explosion ?

En cas d'explosion, les victimes peuvent être nombreuses, faites rapidement l'état de la situation et dirigez-vous vers les victimes en détresse respiratoire et circulatoire.

– En cas d'hémorragie, arrêtez le saignement (voir fiche réflexe : Plaie avec hémorragie).

– En cas de suspicion d'hémorragie interne ou blast pulmonaire ou abdominal : l'hémorragie interne est une urgence absolue. Les signes d'alerte sont :

- Un écoulement de sang au travers d'un des orifices naturels du corps (nez, bouche...) ;
- Des crachats ou un vomissement de sang ;
- Une respiration anormale ;
- Une perte graduelle de l'état de conscience ;
- Une peau localement bleutée ;
- Un pouls rapide.

En attendant, allongez la victime jambes surélevées pour faciliter l'oxygénation des organes (cerveau, cœur...) et surveillez l'évolution de son état général, son état de conscience et de circulation, en attendant l'arrivée des secours.

– En cas de brûlure, supprimez la cause ou soustrayez la victime à la cause. Si les vêtements sont enflammés, empêchez la victime de courir, roulez ou faites-la se rouler par terre et étouffez les flammes avec un vêtement ou une couverture. Les vêtements de la victime doivent être retirés le plus tôt possible, sans ôter ceux qui adhèrent à la peau. Cela peut être fait pendant l'arrosage ou sous la douche.

L'arrosage immédiat d'une brûlure diminue l'extension de la brûlure, limite ses conséquences et soulage la douleur. Il est réalisé en passant la brûlure sous l'eau (eau du robinet pendant 10-15 minutes à 10-15°) ou directement sous une douche.

Après l'arrosage, sauf gêne respiratoire, allongez la victime sur la région non brûlée ou dans la position où elle se sent le mieux, si possible sur un drap propre.

– Si la personne est inconsciente, placez-la en position latérale de sécurité (PLS), pour dégager ses voies respiratoires.

– Dans tous les cas, alertez les secours en précisant le nombre de victimes et les circonstances (explosion).

FICHE RÉFLEXE 18

Attaque chimique

Les armes chimiques sont interdites par un traité international signé en 1993 et entré en vigueur en 1997 avec la Convention sur les armes chimiques. Pourtant, elles sont encore utilisées dans certains conflits armés et potentiellement par des terroristes.
En France, le risque d'attentat à l'arme chimique n'est pas à « exclure » selon le Premier ministre, même si, selon certains experts, il est compliqué d'organiser un tel scénario.
Cependant, les autorités se préparent quand même à faire face à un tel événement, notamment avec des dotations d'antidotes efficaces comme le sulfate d'atropine en cas d'attaque utilisant certains gaz chimiques. Longtemps réservé aux militaires, le sulfate d'atropine fourni par le Service de santé des armées a été mis à disposition des hôpitaux et de tous les SAMU de France, avec un protocole d'utilisation en cas de nécessité.
À noter également que l'ensemble des SAMU de France sont équipés d'unités mobiles de décontamination hospitalière (UMDH).

1. Qu'est-ce que les armes chimiques ?

Les armes chimiques sont des produits considérés comme des armes de destruction massive au vu des conséquences qu'elles peuvent avoir. Elles consistent à libérer des substances chimiques et toxiques pour tuer ou pour blesser.
L'Organisation mondiale de la santé (OMS) a d'ailleurs répertorié les différents produits toxiques utilisés dans la fabrication d'armes chimiques. Parmi eux, on trouve :

– Les agents neurotoxiques, qui sont les produits chimiques toxiques les plus puissants. Ils sont généralement incolores, inodores et insipides, et peuvent être facilement absorbés par le système respiratoire, les yeux, la peau et le tube digestif sans causer la moindre irritation susceptible de signaler leur présence. Ils sont extrêmement toxiques et sont généralement fatals, même si l'exposition n'a été que très brève. Ils agissent sur la transmission des impulsions nerveuses dans le système nerveux.

– Les agents vésicants : ils provoquent de graves brûlures et vésicules sur la peau, sur les yeux et sur les poumons. L'exposition aux agents vésicants déclenche des douleurs et des lésions immédiates, et peut entraîner la mort par asphyxie.
– Les suffocants : ils attaquent les yeux et les voies respiratoires. Ils sont particulièrement nocifs pour les poumons. Ces derniers se remplissent progressivement de liquide et gonflent tellement que le sang ne peut plus être alimenté en oxygène, provoquant une asphyxie progressive puis la mort.
– Les agents hémotoxiques, qui bloquent l'échange d'oxygène entre les globules rouges et le tissu cellulaire. Ils agissent très rapidement et sont généralement fatals.
– Les agents incapacitants et/ou neutralisants, qui n'entraînent pas de lésions ni la mort, mais les personnes visées sont incapables de conduire leurs activités habituelles. Ils n'ont que des effets physiques ou physiologiques temporaires, qui disparaissent généralement assez rapidement, comme des troubles de la vue ou de la respiration. Les agents neutralisants agissent plus rapidement que les agents incapacitants, mais leurs effets durent moins longtemps. Les agents neutralisants les plus courants sont les gaz lacrymogènes CS et CN.

À SAVOIR : Les armes biologiques
Elles utilisent des agents pathogènes comme des virus ou des bactéries et sont donc destinées à propager des maladies au sein d'une population. Les attaques à l'aide d'enveloppes contenant les bactéries de la maladie du charbon (*Bacillus anthracis*), fin 2001, aux États-Unis, en étaient un exemple. Ces enveloppes contaminées avaient causé la mort de cinq personnes.

2. Quel type d'attaque faut-il craindre ?

Les terroristes pourraient probablement cibler un endroit confiné comme une station de métro, avec, par exemple, des obus chimiques reliés à un système explosif ou une bonbonne de gaz moutarde. Le gaz moutarde, qui a été très utilisé lors de la Première Guerre mondiale, fait partie de la catégorie des agents vésicants, donc extrêmement dangereux.

Quels sont les symptômes ?
Chaque produit chimique provoque des effets différents, comme des vomissements, des convulsions ou encore des difficultés respiratoires. Les agents neurotoxiques (gaz ou liquide sarin) bloquent l'activité neuromusculaire avec des paralysies du corps conduisant à l'arrêt ventilatoire et cardiaque. Les vésicants (gaz moutarde) irritent la peau, les yeux et les muqueuses. Les agents suffocants, tels que le chlore, entraînent une détresse respiratoire.

3. Comment se protéger en cas d'attaque ?

– Suspectez une attaque ou un accident chimique si plusieurs personnes présentent, au même moment et au même endroit, des symptômes similaires (suffocation, toux, larmoiement, comportement étrange, voire convulsions).
– Éloignez-vous de la zone suspecte ou des émanations ou fumées, mais attention de ne pas partir dans la mauvaise direction, dans le sens du vent (il faut donc partir face au vent).
– Empêchez les autres personnes d'entrer dans la zone contaminée tant que les secours n'ont pas défini la zone d'exclusion.
– Protégez votre nez et votre bouche, pour augmenter la filtration. La protection des voies respiratoires est une priorité en cas d'attaque chimique. En l'absence de masque à gaz, la seule façon de se protéger est de couvrir sa bouche et son nez à l'aide d'un mouchoir, d'un vêtement ou toute autre pièce de tissu de façon à assurer un niveau de protection minimal.
– Rappelez-vous que beaucoup d'agents sont plus lourds que l'air et resteront près du sol. Mettez-vous donc en hauteur ou réfugiez-vous dans les étages supérieurs.
– Les secours pourront utiliser l'antidote, le sulfate d'atropine, qui doit être pris dans les minutes qui suivent l'exposition. Combiné à d'autres produits, c'est le traitement médical de référence pour les agents neurotoxiques. Inutile cependant de vouloir s'en procurer, car il ne peut être administré que sous forme injectable.
– Attendez les secours, mais, si vous êtes rentré chez vous, mettez vos vêtements dans un sac-poubelle fermé, prenez une douche en frottant doucement au savon et lavez-vous les cheveux.
– Inutile de vous rendre à l'hôpital en l'absence de symptômes ; appelez le SAMU Centre 15 au moindre doute ou le numéro vert spécifique qui sera rapidement mis en place.

À SAVOIR :
Le sulfate d'atropine n'est pas efficace pour tous les types d'attaques chimiques et ne peut rien pour une personne victime d'une attaque biologique comme une bactérie ou un virus

CHAPITRE 11

Vivre après les attentats

Le terrorisme vise à introduire un rapport de force et créer un climat d'insécurité. Les actions terroristes doivent pour cela être vues, connues et reconnues et sont conditionnées par l'existence des médias, des autorités et d'un public qu'elles espèrent choquer et impressionner.

Notre mode de vie peut s'en trouver profondément modifié. Bien que de trop nombreuses victimes aient perdu la vie dans les attentats et que la menace d'une nouvelle attaque plane encore sur le pays, il est pourtant absolument nécessaire de continuer à vivre « normalement ». Continuer à vivre, c'est refuser de jouer le jeu des terroristes, mais c'est aussi une façon de combattre et de ne pas se laisser anéantir psychologiquement. C'est aussi refuser, comme le souligne Amnesty International, « le triangle dramatique [...], les intervenants échangeant leurs rôles sans discontinuer : victimes se retournant contre leurs bourreaux et devenant bourreaux à leur tour, pour sauver des victimes ».

Chaque événement a marqué les esprits, choqué, effrayé et parfois même traumatisé la population. Cependant, après les attentats de *Charlie Hebdo*, de Paris ou de Nice, une incroyable cohésion nationale a aussi vu le jour.

Malgré le risque, la peur et la peine, les Français ont su se rassembler pour refuser de céder face au terrorisme. La solidarité a dépassé les frontières, et les messages de soutien à la France ont afflué du monde entier. C'est dans cette énergie qu'il faut maintenant puiser pour vivre « l'Après ».

Dans ce climat d'incertitude et d'angoisse généralisées, ne pas se sentir bien n'est pas anormal. Les actes terroristes atteignent également l'ensemble de la société et vont bien au-delà des victimes directes des attaques. À la suite d'un attentat, on constate fréquemment dans la population une augmentation de la consommation de tabac, d'alcool et de médicaments psychotropes, mais aussi une modification des comportements et des habitudes quotidiennes.

Les conséquences psychologiques peuvent être immédiates ou à retardement, plusieurs jours, semaines, voire mois après. Deux situations sont à distinguer : celle où vous avez été directement touché par ces drames (victimes, rescapés, famille, proches…) et celle où vous n'avez pas été touché directement, mais atteint par les images et récits.

Qu'est-ce qu'un traumatisme psychologique ?

Le traumatisme psychologique des victimes suit classiquement plusieurs étapes qui se succèdent au cours du temps.

La première étape est une réaction légitime de stress et de peur, adaptée à la violence et à l'imprévisibilité de l'événement.

Pendant cette période, les victimes tentent surtout de prendre contact avec leurs proches, pour se rassurer sur leur état, pour obtenir du soutien et du réconfort.

La seconde étape arrive progressivement et peut laisser la place à des troubles du sommeil, des manifestations d'anxiété ou d'agressivité.

Ces manifestations ne doivent pas être négligées, afin d'éviter aux victimes de développer des troubles psychologiques persistants, en particulier sous la forme d'un syndrome de stress post-traumatique ou d'épisodes dépressifs.

Le psychotraumatisme se définit ainsi comme un ensemble de troubles psychiques, immédiats ou post-immédiats, qui se développent chez une personne ayant vécu un événement traumatisant qui a menacé directement son intégrité physique ou psychique.

Ces troubles peuvent s'installer durant des mois, des années, voire toute une vie, en l'absence de prise en charge. Ils peuvent être la cause d'une grande souffrance au quotidien et provoquer des phobies, un isolement ou des conduites d'hypervigilance.

Quand parle-t-on d'état de stress post-traumatique ?

Au cours de leur vie, 30 à 40 % d'entre nous seront exposés à au moins une situation traumatisante, comme un accident de la route, une agression, une catastrophe naturelle ou un attentat… Pourtant, nous ne développerons pas tous un état de stress post-traumatique, appelé aussi ESPT (en anglais, PTSD, pour *posttraumatic stress disorder*).

Parmi les rescapés des attentats de 1995 à Paris, près d'une personne sur trois a développé des symptômes d'ESPT dans les deux à trois ans qui ont suivi le drame.

Le risque de développer un état de stress post-traumatique est propre à chaque individu, dépendant de sa « vulnérabilité » et du type de l'événement. On sait que les catastrophes humaines, comme les attentats, sont associées à un risque beaucoup plus élevé d'ESPT que celles qui sont d'origine naturelle.

Les symptômes sont nombreux. Parmi les plus fréquents, on retrouve la sensation de flash-back, des cauchemars, le maintien à distance des situations et des lieux pouvant rappeler le traumatisme, une perte d'intérêt, de l'anxiété, des insomnies…

Le diagnostic d'ESPT peut prendre plusieurs mois. Mais si des troubles intenses apparaissent d'emblée, dès les premières semaines, il est préférable d'agir immédiatement avec une psychothérapie adaptée (thérapies comportementales et cognitives) et éventuellement des médicaments pour ne pas attendre que le syndrome s'installe. D'autres techniques, comme l'hypnothérapie, la sophrologie ou encore l'EMDR (*eye-movement desensitization and reprocessing*, ou désensibilisation et retraitement par les mouvements oculaires), ont montré leur efficacité. L'EMDR, créée à la fin des années 80 dans la baie de San Francisco, utilise la stimulation sensorielle des deux côtés du corps, soit par le mouvement des yeux, soit par des stimuli auditifs ou cutanés ; elle induit une résolution rapide des symptômes liés à des événements du passé et a fait l'objet d'un grand nombre d'études cliniques.

Quelle est la prise en charge psychologique pour les victimes, les témoins et les proches ?

Lors d'un événement traumatisant avec un grand nombre de victimes, une cellule d'aide psychologique est très rapidement mise en place et destinée à venir en aide aux victimes, aux témoins et aux proches. La prise en charge de l'urgence médico-psychologique est assurée par des psychiatres, des psychologues et des infirmiers psychiatriques volontaires préalablement formés à intégrer ce type d'unités rattachées au SAMU. Les équipes des cellules d'urgence médico-psychologique (CUMP) interviennent directement sur le lieu du drame.

Les premières heures d'intervention sont primordiales dans le traitement du traumatisme psychique. Les soignants vont prodiguer l'ensemble des soins nécessaires à toutes les personnes se trouvant dans le besoin psychique en leur apportant une écoute active, un soutien psychologique et parfois la prescription de certains médicaments.

Cette prise en charge complète doit permettre d'éviter l'installation des troubles de stress post-traumatique. Dans les vingt-quatre premières heures après l'événement, la présence du thérapeute est indispensable pour aider la victime à penser de nouveaux repères.

Les jours suivant la catastrophe, les CUMP préparent aux soins post-immédiats par le biais notamment de la diffusion d'une note d'information aux victimes.

Quelle est la prise en charge possible si vous n'êtes pas touché de près par les événements, mais que vous vous sentez mal ?

Votre médecin traitant est votre premier contact. Il pourra vous orienter vers un psychiatre qui jugera de l'opportunité, par exemple, d'un suivi dans le cadre d'une psychothérapie. D'autres interlocuteurs, comme les centres communaux d'action sociale (CCAS), qui disposent des adresses des associations, des CMP (centres médico-psychologiques), sont disponibles, mais aussi les agences régionales de santé (ARS) et délégations territoriales (DT), qui ont la liste des psychologues et des psychiatres, des centres hospitaliers spécialisés, des associations, etc.

Les services d'urgence psychiatrique présents dans les hôpitaux et les CMP reçoivent en consultation toute personne souffrant de troubles psychiques

Pour les enfants et les adolescents, le médecin traitant, généraliste ou pédiatre, mais aussi les équipes hospitalières de pédopsychiatrie ou encore les directeurs d'établissement scolaire, qui disposent de listes de psychologues, sont des ressources importantes. Les CMPP (centres médico-psycho-pédagogiques) présents dans chaque département sont directement accessibles. Ils sont placés sous l'autorité d'un médecin directeur pédiatre ou pédopsychiatre et comportent une équipe de médecins, d'auxiliaires médicaux (orthophonistes et psychomotriciens notamment), de psychologues, d'assistantes sociales, de pédagogues et de rééducateurs.

Quelques conseils

Vivre avec un traumatisme psychologique est possible, à condition de mettre en place quelques règles et d'assurer un suivi à l'aide d'une psychothérapie si cela est jugé nécessaire.

– Acceptez de prendre conscience de votre peur est votre premier challenge. Sachez qu'il n'y a aucune honte à avoir peur et que c'est une force d'accepter sa vulnérabilité.

– Parlez. Ne gardez pas vos angoisses pour vous, engagez le dialogue avec vos proches ou ceux qui peuvent vous aider à les traiter (médecins, thérapeutes, associations).

– Occupez-vous, restez actif ! Il est inutile de ruminer des idées noires, cela ne vous fera pas avancer. Faites du sport, des activités artistiques, manuelles, écoutez de la musique, chantez (on sait que le chant a un effet thérapeutique).

– Sortez ! Ne restez pas enfermé chez vous, reprenez le travail, ou allez vous promener dans des endroits agréables, tels les parcs.

– Augmentez les émotions positives. Vous faciliterez ainsi la sécrétion d'ocytocine, une hormone qui permet de diminuer le niveau de stress et d'améliorer les relations entre les personnes. Consultez des sites ou des blogs de bonnes nouvelles, par exemple.

FICHE RÉFLEXE 19

Auto-questionnaire de depistage psychotraumatique

Êtes-vous victime d'un traumatisme psychologique ?
L'Institut de victimologie[1] propose un auto-questionnaire de dépistage psychotraumatique. Si vous avez un doute, que vous pensez être dans ce cas, évaluez votre état psychique.
Voici une liste de commentaires fréquents après un ou des événements traumatisants passés ou actuels.
Veuillez cocher s'il s'agit pour vous :

- D'un événement isolé ☐
- D'une suite d'événements ☐
- Passé(s) ☐
- Actuel(s) ☐

	Pas du tout	Rarement	Souvent	Tous les jours
J'ai envie d'oublier ce qui s'est passé (se passe), mais je n'y arrive pas.	0	1	2	3
Tout ce qui me rappelle ce qui s'est passé (se passe) provoque en moi des réactions physiques désagréables.	0	1	2	3
J'ai du mal à m'endormir ou à rester endormi(e).	0	1	2	3
Je réagis malgré moi comme si l' (les) événement(s) pouvai(en)t se reproduire sans cesse.	0	1	2	3

1. http://www.institutdevictimologie.fr/

Je crains les situations, les personnes ou les conversations qui me rappellent ce qui s'est passé (se passe).	0	1	2	3
J'ai du mal à me concentrer.	0	1	2	3
J'ai le cafard.	0	1	2	3
J'ai l'impression d'être devenu(e) plus irritable, angoissé(e), nerveux(se).	0	1	2	3
J'ai du mal à me souvenir de tout ce qui s'est passé (se passe).	0	1	2	3
Je me demande pourquoi et comment de telles choses ont pu se passer.	0	1	2	3
J'ai l'impression que cela a réveillé en moi des souvenirs douloureux plus anciens.	0	1	2	3
Je me demande comment j'aurais pu prévoir ce qui s'est passé (se passe).	0	1	2	3
Je me sens incompris(e), abaondonné(e), ou que personne ne pourra m'aider.	0	1	2	3
Je me demande de quelle manière j'aurais pu réagir autrement dans cette situation.	0	1	2	3
J'ai l'impression que ma vie ne sera plus jamais comme avant.	0	1	2	3

– RÉSULTAT : Si votre total des points à ce test dépasse 19, demandez conseil à votre médecin traitant.

FICHE RÉFLEXE 20

Comment parler aux enfants des attentats ?

À l'heure du tout-numérique et de l'info en continu, les enfants et les adolescents auront forcément l'information de ce qu'il s'est passé et de la gravité de la situation, en temps réel. Inutile donc d'espérer leur cacher la vérité en pensant les préserver ! À l'école, à la télévision, sur Internet et les réseaux sociaux, l'information est partout et accessible : ils voient des images, entendent des mots, perçoivent vos émotions, mais ne comprennent pas forcément pourquoi ces choses affreuses arrivent. C'est à ce moment-là qu'il est nécessaire d'engager le dialogue, pour leur expliquer et surtout pour les rassurer.

1. Que dire ?

Un sujet aussi grave doit s'aborder naturellement et de manière rassurante. Inutile donc de vous précipiter vers les enfants pour en parler s'ils n'ont pas eux-mêmes sollicité de discussion.

– Adaptez votre discours en fonction de l'âge de l'enfant.

- En dessous de 5 ans, les enfants n'ont pas encore la notion de mort. Ils ressentent principalement votre angoisse. Adoptez un comportement rassurant, parlez calmement et employez des mots simples pour leur expliquer brièvement la situation.
- Entre 5 et 8 ans, la notion de mort est acquise. Soyez vigilant. S'ils sont anxieux, rassurez-les. Enfin, vers 7 ou 8 ans, invitez-les à exprimer leurs émotions, demandez-leur s'ils en ont parlé à l'école et engagez un dialogue clair et sérieux pour leur faire comprendre la situation.
- Pour les plus grands, répondez à leurs questions, demandez-leur ce qu'ils ont vu, lu, compris ou non.

– Soyez vigilants. Ne regardez pas le journal télévisé à table avec vos enfants. Les images peuvent être choquantes. Privilégiez vraiment le dialogue et prenez du recul sur les événements. N'oubliez pas, vos enfants ressentent vos angoisses !

– Rappelez les valeurs essentielles : celles de la démocratie, de la République, et ce que chaque citoyen a le droit et le devoir de faire ou de ne pas faire. L'important est de leur rappeler que la société et le vivre-ensemble sont plus forts que tout, que la justice se chargera de l'affaire et qu'ils sont en sécurité.

2. Que faut-il répondre si un enfant demande s'il est en sécurité ?

– Répondez qu'il est en sécurité, et que vous êtes là pour le protéger. Il faut éviter de traumatiser l'enfant et de lui transmettre vos craintes.

3. Que faire si votre enfant est effrayé, n'arrive plus à dormir ou ne veut plus aller à l'école ?

– Si votre enfant réagit de cette façon, il est préférable d'aller consulter. Vous pouvez en parler à votre médecin traitant, généraliste ou pédiatre. Autre possibilité : demandez au directeur de l'établissement de votre enfant un rendez-vous avec un psychologue affilié.

FICHE RÉFLEXE 21

Où et comment trouver une aide psychologique ?

Après les attentats qui ont frappé la France, le climat d'angoisse généralisée pèse et aggrave la situation psychologique de personnes affectées de près ou de loin par ces attaques. Les blessures psychologiques, bien qu'invisibles, ne sont pas à prendre à la légère.

À SAVOIR :
Les soins qui vous sont dispensés suite à des actes de terrorisme sont pris en charge en intégralité à l'aide d'un formulaire qui vous sera remis par votre caisse de Sécurité sociale. Si vous êtes en arrêt de travail en raison de l'acte de terrorisme, les indemnités journalières vous seront versées dès le premier jour. Vous pouvez contacter la cellule attentat de la Caisse nationale de l'assurance maladie des travailleurs salariés au 0811 365 364 ou par e-mail (victimesattentat@cnamts.fr).

Voici quelques conseils et numéros utiles pour trouver une aide ou un soutien psychologique.

– Les CUMP (cellules d'urgence médico-psychologique) pour les victimes ou les proches des victimes : vous y trouverez un accueil pour les proches des personnes blessées, disparues ou décédées.

– La Fédération nationale d'aide aux victimes et médiation : Pour obtenir une aide psychologique, des informations, et être mis en relation avec une association de proximité, partout en France l'Inavem est joignable au 08 842 846 37 (7 jours sur 7, de 9 h à 21 h ; prix d'un appel local). En dehors de ces horaires, laissez vos coordonnées sur la messagerie, vous serez rappelé, ou envoyez un e-mail à l'adresse suivante : 08victimes@inavem.org

– Contactez votre médecin traitant. Pour les personnes qui n'ont pas été directement touchées par les attentats, mais qui ressentent un malaise, une angoisse ou le besoin d'avoir une assistance psychologique.

Votre médecin pourra vous orienter vers un psychiatre qui saura traiter les troubles psychiques et les désordres émotionnels.

– Les centres communaux d'action sociale (CCAS) disposent d'adresses d'associations qui peuvent vous aider.

– Pour les enfants et les adolescents, orientez-vous vers les CMPP (centres médico-psycho-pédagogiques) près de chez vous. Une liste est disponible sur le site http://annuaire.action-sociale.org

Quelques numéros et contacts utiles :

– SOS Psychiatrie 01 47 07 24 24

– SOS Psy Urgence 08 92 23 31 68 (0,34 €/min)

– Association française des victimes du terrorisme (Afvt.org/0184791010)

– Fédération nationale des victimes d'attentats et d'accidents collectifs (fenvac.com/01 40 04 96 87)

À SAVOIR :

L'aide aux victimes est une grande cause nationale. En lien étroit avec les associations de victimes, le secrétariat d'État à l'aide aux victimes entend rassembler toutes les énergies disponibles et les coordonner durablement[1].

1. http://www.gouvernement.fr/guide-victimes

3

Kit de survie

AN-TI-CI-PEZ

Être acteur de sa sécurité, c'est prendre une longueur d'avance pour ne pas être démuni face à une situation d'urgence. Comme nous l'avons évoqué dans ce livre, il existe de multiples raisons pour lesquelles notre quotidien peut être bouleversé. Qu'il soit question de catastrophes naturelles, d'attentats ou d'accidents individuels ou collectifs, mieux vaut être prêt à affronter toutes ces épreuves. Secourir ne s'improvise malheureusement pas.

Tout d'abord, il faut absolument se préparer psychologiquement, prendre conscience qu'au cours de notre vie nous pouvons être confrontés à une situation d'extrême urgence. C'est cette préparation qui va nous permettre de savoir ce qu'il faut faire non seulement pour notre sécurité, mais aussi pour celle de nos proches ou pour les autres.

Si vous n'avez pas quelques notions de base, vous risquez d'être dépassé par les événements. Le stress de la situation et la peur peuvent facilement vous faire perdre tous vos moyens, altérer votre capacité à prendre des décisions et engendrer des conséquences dramatiques pour les personnes qui ont besoin de votre aide. Les équipes de secours sont formées et entraînées pour savoir comment réagir. Ces réflexes acquis et répétés permettent le jour J de les mettre en œuvre et de les adapter sans panique ; ils sauvent desvies.

Une fois les réflexes d'urgence maîtrisés, les aspects matériels ne sont pas à négliger : équipez-vous grâce au « kit de survie ». Ce kit vous aidera à faire face à de nombreuses situations nécessitant du petit matériel de soin ou de véritables outils de survie. Il est par définition évolutif et totalement personnalisable, à condition de ne pas oublier les éléments de base ; nous vous les indiquerons ici. Il peut être utilisé pour soigner des petits bobos du quotidien, en attendant d'aller consulter son médecin ou son pharmacien, ou bien, lors d'une catastrophe plus grave, pour agir rapidement en attendant les secours.

Se préparer psychologiquement et matériellement à une catastrophe est un moyen efficace pour se protéger ainsi que ses proches. Cette troisième partie intitulée « Kit de survie » vous donne les éléments-clés, de la protection indispensable aux gestes qui sauvent, et les conseils pour constituer votre propre trousse de secours ou de survie !

Protéger, alerter, secourir

Lorsque vous êtes témoin ou impliqué dans un accident ou un événement, vous vous devez bien sûr de réagir, voire d'intervenir, mais pas de n'importe quelle façon. Quoi qu'il arrive, il est vital de respecter une démarche chronologique, à savoir protéger dans un premier temps, ensuite alerter pour enfin porter secours.

Il existe un moyen mnémotechnique pour retenir cette formule que tout le monde doit connaître. En prenant dans l'ordre la première lettre des trois mots de cette formule « Protéger-Alerter-Secourir », vous obtenez l'acronyme « PAS » ! Facile à retenir !

Ces trois temps peuvent aussi être appris aux enfants en cas de danger ou de problèmes graves. Dès qu'ils sont en âge de s'exprimer, apprenez-leur à reconnaître les situations d'urgence, à ne pas se mettre en danger et à appeler les secours.

Que l'accident soit domestique, de la route ou tout autre, protégez votre vie, celle des témoins pour éviter le sur-accident et celle de la ou des victimes.

Pour y parvenir, il faut parfois :

– supprimer ou écarter un danger pour assurer la protection ;
– réaliser un dégagement d'urgence d'une victime exposée à un danger que vous ne pouvez pas supprimer ;
– transmettre les signaux d'alerte aux populations.

Dans tous les cas, il faut effectuer une approche prudente de la zone de l'accident, d'abord en restant à distance de la victime et en regardant autour d'elle. Cette phase rapide d'analyse de la situation permet d'évaluer la présence de dangers qui peuvent menacer le sauveteur et/ou la victime, d'envisager des moyens de supprimer ce danger ou au contraire juger la situation évolutive et repérer les personnes qui pourraient être exposées.

Trois cas de figure sont alors possibles :

1/ Le danger peut être supprimé immédiatement et de manière permanente :

– Supprimez le danger comme :
  • Coupez le contact des voitures accidentées, quand c'est possible.
  • En cas de risque toxique, ne pénétrez dans un local enfumé et non ventilé que si la durée de la manœuvre

de sauvetage est inférieure à 30 secondes ; retenez votre respiration.

• En cas de risque électrique, coupez le courant avant de toucher la victime ; éloignez les câbles avec un objet non conducteur.

• En cas d'incendie, protégez-vous au maximum avec vos vêtements, couvrez-vous le visage et les mains. En présence d'un feu naissant dans un compartiment moteur, utilisez un extincteur adapté.

• En cas de risque d'explosion par fuite de gaz, évitez toute étincelle (interrupteur, sonnerie, lampe de poche…).

– Délimitez et balisez un périmètre de sécurité en empêchant toute intrusion dans la zone de danger. Pour réaliser la protection, utilisez tous les moyens matériels disponibles et si besoin le concours de toute personne apte qui pourrait apporter une aide dans la mise en œuvre de cette protection.

• Allumez les feux de détresse dès que l'on est en vue d'un accident et ralentir.

• Garez votre véhicule, si possible après le lieu de l'accident, sur la bande d'arrêt d'urgence si elle existe.

• Veillez à faire descendre immédiatement tous les occupants de votre véhicule et à les mettre en sécurité sur le bas-côté, derrière les glissières de sécurité par exemple.

• Balisez de part et d'autre de l'accident à 150 ou 200 m, pour éviter tout sur-accident (gilets de haute visibilité, triangle de pré-signalisation, lampe électrique, linge blanc, feux de détresse du véhicule…), avec l'aide de témoins.

- Interdisez toute approche si un danger persiste (transport de matières dangereuses).
- Ne fumez pas et ne laissez pas fumer.

2/ Le danger ne peut être supprimé et la victime ne peut s'y soustraire d'elle-même :

Il faut dégager d'urgence la victime de la zone de danger en toute sécurité. Ce dégagement, dit d'urgence, est le plus rapide possible, sans prise de risques de la part du sauveteur ; la priorité est de se protéger. Le dégagement d'urgence est une manœuvre exceptionnelle (elle peut être dangereuse pour le sauveteur et une victime atteinte d'un traumatisme).

– Repérez les lieux : victime visible, facile à atteindre, et aucune entrave pour gêner son dégagement.
– Anticipez vos gestes, repérez le chemin le plus sûr et le plus rapide (aller et retour).
– Saisissez solidement la victime par les poignets ou les chevilles et tirez-la sur le sol, jusqu'à un lieu sûr, suffisamment éloigné du danger.
– Demandez de l'aide en fonction de votre force physique.

3/ Le danger est impossible à supprimer et aucun dégagement d'urgence n'est possible :

La priorité est dans l'alerte des secours en donnant le maximum d'informations sur les difficultés présentées. La rapidité et la précision du message d'alerte permettent de gagner de précieuses minutes et de dimensionner les secours avec les moyens adaptés d'emblée, en particulier :

– Risques : incendie, explosion, effondrement, produits chimiques et tout autre danger.
– Localisation très précise de l'événement.
– Nombre de personnes concernées.

N'interrompez pas la communication et ne raccrochez pas en premier ; attendez d'y être invité par l'opérateur et d'avoir la confirmation que les secours sont envoyés.

En attendant les secours spécialisés, surveillez la zone de danger pour empêcher toute personne d'y pénétrer.

FICHE RÉFLEXE 22

Alerte aux populations

1. Le signal national d'alerte

Le signal national d'alerte permet d'avertir les populations, de jour comme de nuit, d'un danger immédiat (nuage toxique, tornade...) pour qu'elles prennent les mesures de sauvegarde appropriées. Il est diffusé par les 4 500 sirènes du Réseau national d'alerte (RNA), hérité de la Seconde Guerre mondiale et conçu initialement pour alerter les populations d'une menace aérienne.
Il se compose d'un son modulé, montant et descendant, de trois cycles d'une minute et quarante et une secondes, séparés par un intervalle de cinq secondes.
Tous les premiers mercredis du mois à midi, les sirènes font l'objet d'un exercice. Ce signal d'exercice ne dure qu'une minute et quarante et une secondes seulement.

À SAVOIR : Ouvrages hydrauliques (barrages)
Dans les secteurs situés en aval immédiat d'un ouvrage hydraulique, un signal d'alerte spécifique de type « corne de brume » avertit la population de la rupture de l'ouvrage ou d'un lâché d'eau important. Il comporte un cycle d'une durée minimum de 2 minutes, composé d'émissions sonores de 2 secondes séparées par un intervalle de 3 secondes.

La fin de l'alerte est annoncée par un signal continu de 30 secondes.

2. Comment réagir ?

Lorsque la sirène retentit, il faut immédiatement :

– Se mettre à l'abri dans un local calfeutré (portes et fenêtres fermées) ;
– Écouter la radio ou regarder la télévision. Pour s'assurer de la bonne diffusion de ces messages, une convention de partenariat a été signée entre le ministère de l'Intérieur, Radio France (France Info, France Inter...) et France Télévisions. Dans les départements et collectivités d'outre-mer, écoutez ou regardez les programmes du réseau France Outre-Mer (RFO).

– Si le courant est interrompu, ayez un poste alimenté par des piles, en ayant soin d'avoir des piles de réserve.
– N'allez pas chercher vos enfants à l'école ; ils seront mis en sécurité de leur côté.
– Tant que le danger n'est pas identifié, ne fumez pas et évitez toute flamme ou étincelle ; fermez le gaz (de ville, butane ou propane).
– Évitez d'encombrer le réseau téléphonique ; privilégiez les SMS.
– Assurez-vous que votre entourage a reçu et exécuté ces consignes.
– Suivez les consignes données en fonction de la situation ; certaines peuvent être diffusées par haut-parleurs.

FICHE RÉFLEXE 23

L'alerte

1. Les numéros d'appel d'urgence[1]

Les numéros d'appel d'urgence sont gratuits et joignables 24 h/24 – 7 j/7. On estime que, dans plus de 30 % des cas, la réponse apportée consiste seulement en une information ou un conseil médical. Chaque année, plus de 3 500 000 interventions sont réalisées par les sapeurs-pompiers, soit 9 600 interventions par jour. Quant au SAMU, il reçoit près de 2 500 appels par jour. Il faut donc apprendre à distinguer ce qu'est une urgence prioritaire. Elle est absolue lorsque la vie du patient est en jeu et qu'il faut intervenir dans les plus brefs délais. La perte de connaissance, une hémorragie, un problème cardiaque ou des difficultés respiratoires importantes sont des exemples d'urgences absolues.

Appelez ces numéros uniquement en cas d'urgence. N'appelez pas pour un simple conseil médical s'il peut attendre une consultation chez votre médecin. Mobiliser une équipe de secours pour un problème bénin, sans réelle gravité, peut coûter la vie à une personne réellement en danger. Appeler abusivement ou pour un canular est un délit puni par la loi.

À SAVOIR :

Le 112 : C'est le numéro d'appel d'urgence européen.

– Vous pouvez l'utiliser pour toute urgence nécessitant une ambulance, les services d'incendie ou la police.

Le 15 : C'est le numéro du SAMU.

– Appelez le SAMU en cas de besoin médical urgent, comme une intoxication, un malaise, un coma, une hémorragie, des difficultés respiratoires (surtout si la personne est asthmatique ou cardiaque), des brûlures graves... Un conseil médical d'urgence peut également vous être prodigué.

– Son centre de réception et de régulation des appels, le « Centre 15 », apporte une écoute médicale permanente afin de déterminer et de

1. http://www.prefecturedepolice.interieur.gouv.fr/layout/set/print/Vous-aider/Accueil-du-public/Urgences/Numeros-d-urgence

déclencher dans les délais les plus brefs la réponse la plus adaptée à la nature des appels : conseil médical, ambulance privée, médecin généraliste, ambulance de réanimation (unité mobile hospitalière), véhicule d'intervention rapide ou hélicoptère sanitaire pour les cas les plus graves.

Le 18 : C'est le numéro des pompiers.

– Les sapeurs-pompiers peuvent être appelés pour signaler une situation de péril ou un accident concernant des biens ou des personnes et obtenir leur intervention rapide, pour un incendie, un effondrement, un accident de la route, une électrisation...

Le 17 : C'est le numéro de la police.

– Appelez les forces de l'ordre pour signaler une infraction comme des violences, une agression...

Le 114 : C'est le numéro d'urgence national uniquement accessible par SMS ou fax.

– Il est destiné aux personnes avec des difficultés à entendre ou à parler.
– Ce numéro national unique et gratuit est disponible 24 h/24, 7 j/7 pour alerter ou communiquer par SMS ou fax les urgences.
– Le 114 établit le lien direct avec le service d'urgence local concerné, qui interviendra dans les plus brefs délais.

2. Comment ça marche ?

Dans tous les cas, pour faciliter et accélérer le traitement de votre appel, pensez à préciser ces 3 points :

– Qui vous êtes : victime ou témoin... Et donnez un numéro de téléphone sur lequel vous restez joignable.
– Où vous êtes : donnez l'adresse précise de l'endroit où les services doivent intervenir.
– Pourquoi vous appelez : précisez les motifs de votre appel.

N'oubliez pas de vous exprimer clairement auprès de votre interlocuteur. Le temps que vous passez au téléphone n'est jamais inutile, ne retarde jamais l'intervention et permet la meilleure réponse à l'urgence pour laquelle vous l'appelez.
Les services ont une obligation d'interconnexion. Le 15 et le 18 ont une interconnexion téléphonique réglementaire.

FICHE RÉFLEXE 24

Les gestes qui sauvent

Après les attentats de novembre 2015, de nombreux Français ont exprimé le souhait de connaître les gestes utiles pour sauver des vies. En France, seulement 1 personne sur 5 connaît les gestes de premiers secours.
Le ministère de l'Intérieur, avec l'ensemble des acteurs du secours, organise des séances d'initiation de 2 heures pour apprendre à alerter les secours, masser, défibriller et traiter les hémorragies.
Des formations de 7 heures sont également organisées par les différents acteurs, comme la Croix-Rouge, la Protection civile ou encore les pompiers, accessibles dès l'âge de 10 ans. Pour les contacter par département :
http://www.comportementsquisauvent.fr/je-me-forme.html
Les accidents n'arrivent pas qu'aux autres, et lorsqu'ils surviennent, il vaut mieux être prêt à les affronter. Alors, voici les principaux gestes qui sauvent, adaptés à des situations d'urgence bien précises, qu'il faut connaître absolument.

1. Pratiquer un massage cardiaque :

– Quand faire un massage cardiaque ?

Le massage cardiaque doit être pratiqué chez toute personne en arrêt cardiaque en attendant l'arrivée des secours. La victime perd connaissance, tombe ; elle ne réagit pas quand on lui parle, quand on la stimule. Elle ne respire pas ou les mouvements respiratoires sont inefficaces, lents, bruyants et anarchiques (=gasps). C'est un arrêt cardiaque !

– Comment mettre la victime ? Placez-la sur un plan dur, le plus souvent à terre.

– Dans quelle position se mettre ?

- Agenouillez-vous à côté de la victime.
- Positionnez vos mains l'une sur l'autre, au milieu de son thorax, entre les deux seins, les bras bien tendus.
- Appuyez de tout votre poids, bien au-dessus.

Ce ne sont pas les bras ni les mains qui appuient, mais tout le corps ! Vous devez à chaque fois appuyer très fort, pour enfoncer la cage thoracique de 4 cm à 5 cm.

– Pratiquez 100 compressions par minute, soit des séquences de 30 compressions. N'arrêtez pas jusqu'à l'arrivée des secours.

2. Stopper une hémorragie :

Une hémorragie est un écoulement de sang causé par la rupture d'un vaisseau sanguin. Lorsque cet écoulement se produit à l'extérieur du corps, on parle d'hémorragie externe ; lorsqu'il est à l'intérieur, on parle d'hémorragie interne.

– Comment arrêter l'hémorragie externe ?

En comprimant directement l'endroit qui saigne jusqu'à l'arrivée des secours, si possible en vous protégeant par un gant ou un plastique.

- Repérer l'hémorragie, si nécessaire en écartant les vêtements ;
- Comprimer immédiatement l'endroit qui saigne ;
- Allonger la victime ;
- Faire alerter les secours, si un témoin est présent ;
- En l'absence de témoin, ou en présence de plusieurs victimes, alerter les secours après avoir relayé la compression par un pansement compressif, dans la mesure du possible, ou la main de la victime elle-même, si un pansement compressif n'est pas réalisable ;
- S'assurer que le sang ne coule plus, sans relâcher la compression ; si le saignement se poursuit, le sauveteur reprend la compression manuelle, par-dessus l'éventuel pansement compressif.

– Rassurer la victime, en lui parlant régulièrement et en lui expliquant ce qui se passe.

– Protéger contre la chaleur, le froid ou les intempéries.

– Surveiller les signes d'aggravation circulatoire (sueurs abondantes, sensation de froid, pâleur intense).

À SAVOIR : en cas de membre amputé/arraché :

– Comprimez le moignon à l'aide de compresses ou d'un linge. Évitez de poser un garrot.

– Récupérez le membre amputé, entourez-le de compresses et déposez-le dans un sac en plastique sec, lui-même reposant sur de la glace. Il faut éviter tout contact direct de la glace avec le membre pour éviter le risque de gelure.

3. Réagir en cas de brûlure :

– Quels sont les différents types de brûlures ?

Lorsque la peau est exposée à une flamme, un courant électrique ou un produit chimique, la température à la surface de la peau augmente et ses tissus peuvent être agressés. Elle devient alors rouge et des cloques peuvent apparaître.

Il existe trois degrés de brûlure :

- La brûlure du 1er degré, caractérisée par une douleur, une rougeur et un œdème de la zone touchée.
- La brûlure du 2e degré, caractérisée par l'apparition de cloques.
- La brûlure du 3e degré, caractérisée par une peau raide, une couleur inhabituelle et parfois l'absence de douleur. Cela signifie que les tissus profonds et les nerfs ont été endommagés.

– Que faire en cas de brûlure ?

- Dans tous les cas, refroidissez le plus vite possible la zone en appliquant la règle des « 15 » : mettez la région touchée sous l'eau fraîche à 15 degrés environ, pendant 15 min, à 15 cm du robinet pour atténuer la sensation de chaleur.

À SAVOIR : Critères de gravité d'une brûlure (il suffit d'un seul de ces critères) :

– Cloque unique ou multiple d'une surface supérieure à celle de la moitié de la paume de la main de la victime.

– Destruction profonde (aspect noirâtre de la partie brûlée).

– Localisation particulière (visage, mains, orifices naturels ou articulations).

– Rougeur étendue de la peau chez l'enfant.

– Pour les brûlures simples (pas de critère de gravité) : retirez les vêtements de la victime, par exemple pendant l'arrosage ou sous la douche, sans ôter ceux qui adhèrent à la peau.

– Protégez la brûlure avec une pommade adaptée et un pansement stérile ; ne percez pas la cloque.

– Surveillez la brûlure dans les jours qui suivent et vérifiez la vaccination contre le tétanos.

– Chez l'enfant et le nourrisson, toujours prendre l'avis d'un médecin.

À SAVOIR :
Ne mettez jamais de la glace directement sur une brûlure ! La glace va entraîner une contraction des vaisseaux sanguins et provoquer une ischémie locale. La circulation sanguine va s'arrêter dans les tissus abîmés et vous risquez leur nécrose.

– Pour les brûlures graves : alertez les secours et allongez la victime sur la région non brûlée ou dans la position où elle se sent le mieux, recouvrez la zone brûlée d'un drap propre et surveillez-la de manière constante.

À SAVOIR :
Les brûlures de la bouche et du nez feront toujours craindre la survenue rapide d'une difficulté respiratoire.

4. Sauver en cas d'étouffement :

L'étouffement est dû à l'obstruction de la trachée par un aliment ou un objet lorsque l'on avale de travers. En règle générale, quelques accès de toux suffisent à rétablir la situation, mais dans certains cas l'obstruction des voies aériennes persiste.

– Inquiétez-vous quand la victime étouffe, suffoque et ne peut plus parler. Il est alors capital de l'aider très vite à ne pas s'asphyxier, car l'obstruction des voies aériennes est totale.

- Pratiquez en urgence une manœuvre pour expulser le corps étranger coincé et alertez les secours.
- Tapez dans le dos de la victime : donnez 5 claques vigoureuses dans le dos, entre les deux omoplates, avec le plat de l'autre main ouverte. L'objectif est de débloquer et d'expulser le corps étranger.
- Si ce n'est pas efficace, réalisez la manœuvre de Heimlich : placez-vous derrière la victime, passez vos bras sous les siens et, la victime étant un peu penchée en avant, mettez votre poing dans le creux de son estomac (partie supérieure de l'abdomen) et, avec l'autre main sur la première, tirez franchement en exerçant une pression vers l'arrière et vers le haut.
- Recommencez jusqu'à 5 fois si le corps étranger n'est toujours pas expulsé.

– Alternez ensuite 5 claques dans le dos avec 5 compressions abdominales de Heimlich jusqu'à l'arrivée des secours.

À SAVOIR :
– Pour les femmes enceintes, il est possible de faire la méthode de Heimlich, mais au niveau du thorax.
– En cas d'obstruction partielle (toux, parole…), ne pratiquez pas ces manœuvres et alertez simplement les secours. Il n'y a pas d'urgence vitale.

5. Mettre en position latérale de sécurité :

– La position latérale de sécurité, connue aussi sous l'abréviation de PLS, est un geste de premiers secours à pratiquer lorsque l'on est face à une personne inconsciente.
– Pour quoi faire ? Lorsque la victime est inconsciente, ses muscles se relâchent et bloquent le passage de l'air. Mettre la victime en PLS permet donc de libérer les voies aériennes et empêche la chute de la langue dans le fond de la gorge.
– Comment faire ?

- Desserrez le col, la cravate ou la ceinture de la victime et retirez-lui ses lunettes si elle en porte.
- Placez une main sur le front de la victime et basculez sa tête en arrière et en soulevant son menton.
- Vérifiez la respiration de la victime et regardez si son ventre se gonfle.
- Disposez le bras de la victime le plus proche de vous, à angle droit de son corps.
- Prenez ensuite son autre main, et positionnez la contre sa joue, la plus proche de vous.
- Prenez le genou de la victime qui se trouve le plus loin de vous, et relevez-le pour que son talon arrive au niveau de sa fesse. Le genou vous servira de « levier » pour faire basculer la victime et la mettre sur le côté.
- Faites rouler ensuite la victime en tirant sur sa jambe jusqu'à ce que le genou en l'air touche le sol.
- Finissez la stabilisation en plaçant le genou à angle droit.
- Vérifiez régulièrement que la respiration est normale.
- Une fois la victime mise en PLS, vous pouvez appeler les secours.

FICHE RÉFLEXE 25

Trousse d'urgence et kit de survie

1. La trousse à pharmacie d'urgence

La trousse à pharmacie est un incontournable. On peut l'acheter en magasin ou en pharmacie. Il en existe de toutes les sortes et à tous les prix, mais il est toujours nécessaire de la personnaliser en fonction de son état de santé, de la zone où vous vous trouvez, et du nombre de personnes qui vivent sous le même toit. Tous les membres d'une même famille ne souffrent pas tous des mêmes maux. Par exemple, les enfants, selon leur âge, ne sont pas exposés aux mêmes risques que les adultes.
La trousse à pharmacie figure pourtant parmi les principales mesures de sécurité familiales. Elle permet de prendre en charge soi-même les petits maux quotidiens qu'une famille peut rencontrer, mais aussi, dans certains cas, être utilisée en cas de premiers secours vitaux.

À SAVOIR :
Pour constituer vous-même votre propre trousse à pharmacie, n'hésitez pas à demander l'avis de votre pharmacien et/ou médecin. Ils pourront vous aider à mieux cerner vos besoins selon la composition de la famille et vos antécédents

Quel matériel faut-il avoir dans son armoire à pharmacie ?
(Attention aux dates de péremption !)

– Des pansements adhésifs prédécoupés stériles.
– Des pansements hémostatiques.
– Une écharpe triangulaire d'immobilisation.
– Des sachets de compresses stériles.
– Un rouleau de bandage et maille élastique (pour tenir une compresse sur une articulation).
– Du sparadrap.
– Une couverture de survie.
– Des paires de gants en latex à usage unique.

- Un antiseptique non coloré.
- Une paire de ciseaux.
- Une pince à épiler.
- Des épingles à nourrice.
- Un thermomètre, si possible électronique.
- Du sérum de lavage oculaire (unidose).
- Un gel anti-brûlure.
- Paracétamol.
- Poche de froid.
- Médicaments personnels.

À SAVOIR : COMMENT UTILISER UNE COUVERTURE DE SURVIE ?

Il est important d'avoir une couverture de survie dans sa trousse de secours.

Elle possède 2 faces, la première est dorée et la seconde argentée. Ce n'est pas un hasard, ni une fantaisie : chaque face a une fonction bien précise.

Le côté or, lorsqu'il est placé vers l'extérieur, protège du froid et permet à l'utilisateur de conserver la chaleur à la température de son corps.

Le côté argenté, quand il est placé vers l'extérieur, isole et protège de la chaleur et de l'insolation le corps de la victime.

Attention ! Une couverture de survie est conçue pour un usage unique, sauf si elle est rangée dans son plastique après utilisation et pliée en fonction des rainures d'origine.

2. Le kit en cas de catastrophe naturelle

Les catastrophes naturelles peuvent frapper à tout moment. Que ce soit les tempêtes, les inondations ou bien les incendies, il est important d'avoir à disposition un kit pour faire face aux catastrophes en plus de sa trousse à pharmacie de premiers secours. Ce kit de catastrophe doit être composé d'un certain nombre d'éléments qui vous aideront à vous tenir informé, à alerter les secours, vous nourrir et vous hydrater, mais aussi à surmonter ces épreuves.

La Croix-Rouge française, associée aux Croix-Rouge autrichienne, britannique, espagnole et finlandaise, a mis en place un site Internet dédié à l'autoprotection. On peut trouver sur ce site un « catakit » pour faire face aux catastrophes naturelles.

Votre kit doit être composé :

- D'une radio et d'une lampe, à manivelle si possible (sinon prévoir les piles de rechange).
- De bougies de survie.
- D'un sifflet.
- D'allumettes et d'un briquet.
- D'un couteau suisse.
- D'une banderole « SOS ».
- D'un bâton lumineux.
- D'un cutter.
- D'un sachet hermétique pour conserver des documents.
- D'une paire de gants de manutention.
- D'une couverture de survie.
- D'une réserve de 5 à 8 litres d'eau potable.
- D'un bloc-notes et d'un stylo.
- De cachets de purification de l'eau.
- De nourriture conditionnée. (Exemple de nourriture et eau par personne pour tenir 72 heures : bouteilles d'eau (4 litres), 3 repas déshydratés (MRE), 400 g de chocolat noir, barres de céréales (6), cubes de bouillon.)
- De mouchoirs en papier.
- D'un kit d'hygiène (brosse à dents, lingettes nettoyantes, etc.)

Ces éléments vous aideront à :

- vous signaler auprès des secours ;
- vous éclairer ;
- vous informer ;
- vous nourrir et vous hydrater ;
- conserver un minimum d'hygiène si la situation de crise perdure.

À SAVOIR :
Ce kit doit être facilement accessible (donc ne pas l'entreposer à la cave ni au grenier, etc.) et mis dans un sac facile à transporter et peu encombrant (sac à dos ou sac de sport).

POUR ALLER PLUS LOIN :
Rendez-vous sur le site Internet http://www.autoprotectionducitoyen.eu qui est dédié à la préparation des citoyens aux situations d'urgence quotidiennes, telles que l'accident de la vie courante, ou exceptionnelles.

L'auteur et l'éditeur remercient M. Guillaume
Forquiere-Garnier pour sa contribution à cet ouvrage.

Table des chapitres

Table des fiches réflexe

Composition et mise en pages
Nord Compo à Villeneuve-d'Ascq

Impression réalisée par CPI

pour le compte des Éditions Fayard
en octobre 2016

PAPIER À BASE DE
FIBRES CERTIFIÉES

Fayard s'engage pour
l'environnement en réduisant
l'empreinte carbone de ses livres.
Celle de cet exemplaire est de :
0,250 kg éq. CO_2
Rendez-vous sur
www.fayard-durable.fr

Imprimé en France
Dépôt légal : octobre 2016
N° d'impression : 3019744
77-6557-2/01